JN232971

算数的表現力を育てる授業

子どもの思考過程が見えてくる

田中 博史 著

東洋館出版社

まえがき

帰納的に見つけた姿
　　　これが私の育てたい表現力

　筑波大学附属小学校に赴任して今年で11年になる。

　思えばあっという間に過ぎていった10年間であった。本校に来て，いろいろなことを子どもたちから学んだ。初めてもった子どもたちは4年生のクラスだったが，1年から3年まで本校の先輩教官に算数を学んできた子どもたちは，いたるところで私を驚かせた。それは内容の高度さにおいてではない。

　物事を見つめる目，追究する心，語り合う姿においてであった。

　子どもたちから，「手島先生の算数でこんなことしたよ」「正木先生はこんなときはこうするよ」「坪田先生の算数でこんなもの作ったよ」とプレッシャーをかけられる日々が続いた。

　負けるものかと意気込んで，どうすればこの偉大な先輩たちに一矢報えるかと悪戦苦闘した3年間だった。でもこの3年間に田中博史流の算数の土台を創ってきたと今でも思っている。

　本校は準教科担任制を敷いているため，私は一年間に三つのクラスの算数の授業を行うことになる。だからよく考えると，算数だけで換算するとこの学校だけで通常の先生の33年分，算数の授業をやったことになる。公立学校

時代がその前に10年間あるので合計すると43年分である。すでに物理的な数字だけは，普通の小学校の先生が行う算数の授業時数の一生分を終えたといえる。実は，これは最近ある先輩にいわれてはっと気がついたことである。

　この単に回数が多いというだけの，しかしおそらく間違いなく価値ある体験を生かして，何か帰納的に発見できることがあるのではないかと考えてみた。

　そして，自分の接してきた子どもたちの姿をゆっくり振り返ってみた。

　もちろん回数だけは多くても，一向に授業の腕があがったという実感はないのだが，たくさんの思い出に残っている授業が確かにある。そしてこの中から，こんな子がいいなあと思う具体的な姿を，思いつくまま書き上げてみるという作業に挑んでみた。

　それは授業記録ビデオの中から見いだしたものもあるし，私が過去に書いた論文から拾い上げ整理したものもある。さらに自分の中の記憶に残っている子どもたちの姿，そしてこれを意識し始めてからの生の授業の中からも，感覚的に素敵だなあと思う子どもの姿を集められるだけ集めてみたのである。

　それは，あるときは思いどおりにいかなくて悔しい想いをした研究授業での子どもの言葉だったり，何気ない日々の授業の中での子どもとのやりとりの風景だったりする。はたまた，私が山口県の公立学校に勤務していたときの山の学校の子どもの姿と重なったり，さらには南国の日焼けした子どもたちと向き合ってがんばった飛び込み授業での印象的な子どもの姿だったりもする。

そうである。筑波大学附属小学校の子どもだけではなく，公立学校の子どもの姿にも共通したものを見いだすことができたのである。

我々が行う研究会で，よく会場から「こんな活発な授業ができるのは，附属の子どもだからですよ」という意見を聞くことがある。

だが，少なくとも今まで私が飛び込み授業で訪れた公立学校の子どもたちの中には，附属の子どもと比較しても何ら遜色のない，活発でのびのびとした発言ができる子どもたちはたくさんいた。

公立だから，附属だからという視点だけがその授業の成否にかかわっているわけではない。附属のクラスにだって発言があまりできないクラスはあると聞いているし，公立の学校にも素敵な集団を築いている先生は全国にもたくさんいらっしゃる。要するに，どんな先生がそのクラスを率いているのかということの方が，子どもたちに対する影響力は大きいことを「附属の子だから……」と質問する先生たちは知らない。だから，そんなときは，「試しにあなたが附属の子どもと授業してごらんなさい。おそらくたちまち，発言しなくなるから」と厳しく切り返すことにしている。このような発言を平気でしている教師は，自分の授業がうまくいかないことを，きっといつも子どものせいにしているに違いない。自分の授業を振り返らないで子どものせいばかりにする教師は，授業の中での自分が子どもの表現力をどれだけ潰しているかになかなか気がつかないでいる。その先生のクラスの子どもは，斯して次第にしゃべらなくなり，先生は相変わらず子どもの能力のせいにしてふ

んぞり返っているから子どもの心も離れていく。こんな悪循環が，実は学級崩壊の一因にもなっている。

　よく考えると，休み時間に元気な子どもが授業になると静かになるのは，誰のせいでもない，目の前に立つ教師のせいである。一度，休み時間に子どもたちをゆっくり観察してみるといい。本当にいい笑顔でたくさんおしゃべりしている。この子たちが45分間ただ静かにしているとしたら，本当はものすごく我慢をしていることになることに，気がつくべきだ。

　もちろんこれは自戒の念もこめていっている。私にも，どうしてこの明るい元気な子が算数の時間はあまり話してくれないのだろうと自分を責めたことが何度もある。だから，新しいクラスをもったときには，最近はいくつか目標とする子どもを見つけることにしている。

　天真爛漫で，休み時間にはたくさんの笑顔を振りまき，物怖じしないタイプの子どもなのに，授業になるとあまり手をあげないという子である。この子は決して話すのが嫌いなのではない。だから，この子が参加しないときの授業は私が強引な展開をしているか，内容が難しすぎるか，はたまた問いかけになっていない発問をしているか……。ともかく何か理由があるのだろうと考えてみる。この子がいわば自分の授業づくりを審査してくれるバロメーターになる子どもになる。できればいくつかのタイプの子で構えてみるといい。自分の授業づくりを毎回自分で評価することができる。

　では，こうした子どもがうまく自己表現できないのはなぜだろうか。

自分の考えに自信がもてないからだろうか。どのように話していいか戸惑っているからだろうか。いや算数という教科に異なったイメージを抱いていて，そのときに「話す」ということは別の世界であると決めつけているからか。ともかく考えられるありとあらゆる可能性を考えてみた。

　ある子は，追い込んで話をさせたら，それをきっかけに「なんだ，発表するってたいしたことじゃないじゃない」とつぶやいて途端に別人になった。

　ある子はじわじわとだが，みんなの前で話をすることに慣れていって活動的になった。別の子は母親曰く，真面目さだけがとりえでとても発想が固いと思われている子だった。その子はいつも，ひらめきのいい子たちが話しているときのテンポについていけないことが多かった。そんなある日，そのひらめきのいい子たちに思い切って質問したら，聞いていた友達が「私もそこがわかんなかった」と大いに共感してくれた。これがきっかけで自信をもったその子は，わからないことに出会うと自分でどんどんかかわっていくようになり，卒業時にはクラス一の論客になった。

　子どもたちが，自己表現に開花するきっかけは十人十色である。しかし，共通することは一つである。今の自分のありのままを素直に表現することが学習の中では一番大切な価値ある行為なのだと気がついたときから，いや教師から実感を伴って伝えてもらったときから変身する。

　そして，このような子どもたちの自然で素直なかかわり方の中に，実は算数が教えたい大切な「考え方」が潜んでいるのである。この拙く完成されな

いが，しかし人間が物事を整理したり，順序づけたりするときに自然に使っている個々の思考過程を表現する言葉を，私は「算数的表現力」と呼ぶことにした。これらの言葉を，子どもたちの言葉のみならず身振り手振り，かいた図などから読み取り，その価値を意識づけていくのが教師の仕事である。

この本では，子どもたちのこのような表現力を三つの視点から見つめなおしている。

一つは，これまで算数教育の世界が課題にしてきた「数学的な考え方」と表現力に関するつながりを考えることである。

二つ目は，このような表現力をどのように授業の中で意識して育てていくかである。先にも述べたが，個々の子どものもつ自然な姿をどのように引き出し位置づけていくかである。だから教師の役割についても随所でふれてみた。

三つ目は，芽を出した表現力をどのような環境の中で育んでいくかについてである。これが子どもを集団として育てる視点とつながっていると思っている。あるときは，子どもたちを安心させ，あるときは追い込んで鍛える。その様々な手法についてもふれてみた。

最後になったが，東洋館出版社の永井信氏には，本書を仕上げるにあたって最後まで温かくいろいろな視点からのアドバイスで支えていただいた。おかげで，ここに筑波大学附属小学校での算数教師生活10年目の節目の書を完成させることができた。心より感謝申し上げる次第である。

　　　平成13年初夏　　　　　　　　　　　　　　　　田中　博史

子どもの思考過程が見えてくる
算数的表現力を育てる授業

___

目　次

はじめに／帰納的に見つけた姿　これが私が育てたい表現力

第1章　算数教育の役割を考える

1．算数教育の役割を考える ………………………………… 12

　1　授業・それは子どもたちに「問い方」を教える時間 ……… 12
　2　自ら算数世界を広げていく子どもを育てる授業 …………… 17
　3　何のための算数か ………………………………………… 20
　4　算数教育観の変革が求められる時代 …………………… 25
　5　現場の算数教育研究はもっと帰納的である方がいい ……… 27

2．思考過程が見えてくる授業を創ること ……………… 31

　1　思考過程を表現すること ………………………………… 31
　2　子どもの「語り始めの言葉」にこだわる ………………… 33
　　「例えば……」 ……………………………………………… 33
　　「だって……」「でも……」 ………………………………… 34
　　「まず……，それから……」 ……………………………… 35
　　「だったら……」 …………………………………………… 36
　　「もしも……」 ……………………………………………… 36

第2章　語り始めの言葉を生かした算数授業

1．語り始めの言葉が授業の方向を創る ………………… 40

- **1** 「例えば」から生まれるズレを活用した授業 ……………… 40
- **2** 「だったら」が聞こえる瞬間を演出する ………………… 47
- **3** 新たな視点を見いだして動き始める子ども ……………… 53
- **4** 失敗を生かす授業で過程を共有する授業をつくる ………… 59
  －「もしも……」が役立つとき－
- **5** 子どもが「もしかしたら……」と動くとき ……………… 64
- **6** 「もしも」を使って子どもを鍛える ……………………… 69

2．「書く場面で」子どもたちの中に育った
　　表現力を見取る ………………………………………… 80
　　　　－表現力育成とその評価を考える－

- **1** 追究ノート「かけ算の不思議」で授業する ……………… 80
- **2** 追究・直方体の展開図は何通り？ ………………………… 88

3．「書く力」で表現力を見取るために ………………… 97

- **1** 算数における「書く」イメージを変える ………………… 97
- **2** 問題文は自分で書く ……………………………………… 99

- **3** 不備な問題で子どもの質問をかりたてる ………… *100*
- **4** 書きたいことが増える授業 ……………………… *103*
  　　　－三角形の面積は長方形の半分？－

第3章　表現力が育つ条件

1. 素直さが育つ学級をつくること ……………………… *114*

- **1** 学級づくりと算数授業 ……………………………… *114*
- **2** この友達の気持ちがわかるかなとたずねる ………… *117*
- **3** 友達の考え方にたくましくかかわっていく
  力を育てること ……………………………………… *124*
- **4** 共通するのは「寄り添う」という気持ち ………… *129*

2. 授業の中で個々の表現力を磨く場を
　意図的につくる ……………………………………… *132*

- **1** 手をあげている子どもには全員に発言させる ……… *133*
- **2** 友達の発表の前半部分を聞いて続きの
  後半部分を考える …………………………………… *135*
- **3** 友達の発表の中身をとなりの人に解説することも発表 … *136*
- **4** 聞き役の子をインジケーターにする ……………… *137*

3．算数的表現力を育てる授業づくり ……………………… *139*

- **1** 「伝えたい」「聞きたい」という想いが
  表現力を鍛える …………………………………………… *139*
- **2** 大切にしたい授業者の構え ……………………………… *140*
  　　　－子どもの中から育てたい姿を探してほめること－
- **3** 子どもの豊かさに感動した授業
  「箱をころがす（直方体と立方体の学習より）」………… *143*
- **4** 表現力育成に焦点をあてた授業づくりで
  子どもの生きる力を育てる ……………………………… *149*

第 1 章

算数教育の役割を考える

1．算数教育の役割を考える

1 授業・それは子どもたちに「問い方」を教える時間

　２年生の子どもたちと２桁の筆算の学習をする。
　黒板に問題を次のように書いていく。

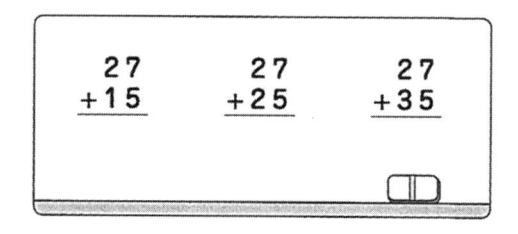

```
   27      27      27
  +15     +25     +35
```

　ここまで書くと，勘のいい子は「次は27＋45だね」とつぶやく。さっさとノートに書いて得意げにしている子もいる。単純な変化であるだけに，多くの子どもが反応する。
　こんなとき，先走って行動する子をとがめる先生もいるだろう。
　でも，ここは紛れもなく子どもたちが数字の変化を追って面白がっているところだから，逆に大いにほめてやるべきところだと思う。
　こんなときは，わざと大げさにいう。
　「へー，よくわかったね。超能力でもあるのかな」と。

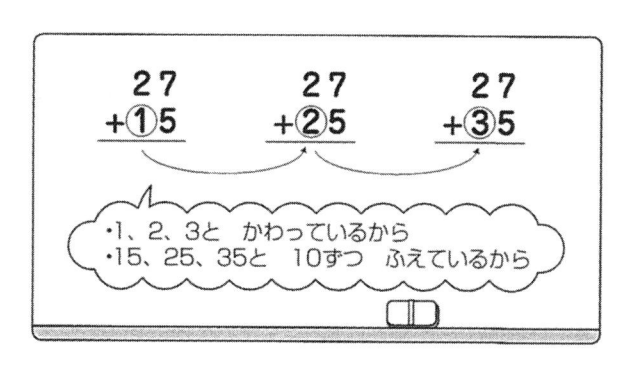

```
  27      27      27
 +①5     +②5     +③5
```
・1、2、3と　かわっているから
・15、25、35と　10ずつ　ふえているから

　すると、「だって下の数は15、25、35と10ずつ増えているでしょ」という言葉。子どもたちは確かに目の前の数字の並びに興味を示し、リズムを感じ取っている。

　ところが、このとき「十の位が1、2、3と変わっているから」という見方の子もいる。同じような意見に聞こえるけれど、子どもたちの気持ちは微妙に異なる。だから、ここはちゃんと子どもの言葉で板書してやる。

　続いて計算をさせてみる。すると、答えを見て、また子どもがいう。

「あっ、先生、答えも10ずつ増えてるよ」

「ほら、ここが4、5、6って」

　大人から見れば当たり前のことだけど、子どもたちは、加数が増えたら同じだけ和も増えるなんてのは初めての見方である。

　そして、見事に最初に述べた二人の友達の見方で2通りの表現をしている。最初の二人の子どもの言葉が、ちゃんと別のものとして子どもたちには伝わっていることがわかる。

　授業の中で子どもたちがうれしそうに、そして得意げに何かつぶやいたときは、教師はわざとらしく驚いてみせる。

1　授業・それは子どもたちに「問い方」を教える時間

驚くときに，教師のほうはその価値をそっと位置づけ意識させていくように語りかけるのである。子どもたちに教えるのは内容ではなく，このような方向性をもった動きなのだと考えていきたい。

筑波大学附属小学校で，長い間同学年を組んだ社会科の田中力氏があるとき，こういった。

子どもたちが「ねえ，見て見て」とうれしそうに教師のところにやってくる姿が，一番いい自己評価の姿なのだと。

なるほど，そういえばその瞬間の子どもたちって，いつもいい顔をしているなあと私も思った。

形式的な自己評価カードなんかにわざわざ書かなくても，こんな瞬間を教師が見逃さないできちんと意識づけていけばいいのである。

授業ではこの後も続いて，その計算の下にまたまた2桁の筆算を書いていった。

「今日は筆算の練習だからね」と告げておいて黙々と書く。

黒板は次のようになった。

```
 27      27      27      27
+15     +25     +35     +45
───     ───     ───     ───
 42      52      62      72

 30      40      50      60
+12     +12     +12     +12
```

「なんだ，2列目は全部12に何十をたすものばかりじゃない。そんなの簡単だよ」という声。

「そうだよ，繰り上がりもないし，簡単，簡単」と口々にいう。

敏感な触覚をもち始めた子どもは，事あるごとにこうして反応する。うるさい連中である。

でも，子どもたちのこの素直なつぶやきの中に，数学的な考えがたくさん散りばめられている。

だから私は，こんな反応一つ一つを楽しみながら授業を行う。

子どもたちが計算を始めた。

すると左から42，52，62，72となった。

ここで子どもたちが再び元気になる。

「あっ面白い‼ 上と答えが同じになっている」

「先生，上と下は兄弟だよ」

「私，面白いこと見つけたよ」

このとき子どもたちが見つけたことは様々だ。

だから，同様にほめてはならないかもしれないが，確かに子どもの心に火がついたのがわかる。

それぞれに答えが同じになったのは，意味がちゃんとあるのだという意見が後ろについているのが見える。

我々は，子どもたちに方向性をもった「価値ある問い方・動き方」を教えているのだと，先ほど述べた。

この場面でも，先生に問われる前に自分たちで先を見て動いていくことの楽しさと，知的な好奇心の尊さを教師はほめることで伝えていることになる。

先ほど，このとき子どもたちが見つけたことは，様々だろうと述べた。

では，この授業で子どもたちが先走って見つけたことは何だろう。

子どもたちの言葉から考えてみる。

ある子は「ひっこしだ」「ひっこしして楽にしたんだ」と嬉々とした顔でいっていた。ある子は「違うよ，別々にしたんだよ」と怪訝な顔でいう。

「答えが同じだ」と騒いでいる子どもたちのまるで雑踏の中にいるような会話の中から，この二つの言葉が私のアンテナにひっかかった。

おそらく，この瞬間の子どものやりとりの意味がわかる大人は，そう何人もいないだろう。でも確かに私はこの二つのつぶやきを聞いてうれしくなった。1年生のときから，ずっと算数を教えてきた子どもたちだが，この子たちがこのような見方ができるようになったことを，本当に頼もしく思えたからである。

引越しだという子の考えから，まず紹介しよう。

27と15では繰り上がりがあるから，27を先に30にしてしまえばいいというのだ。そのためには27に3をあげる必要がある。15から3をあげると12である。かくしてこの計算は，30＋12になったというわけだ。

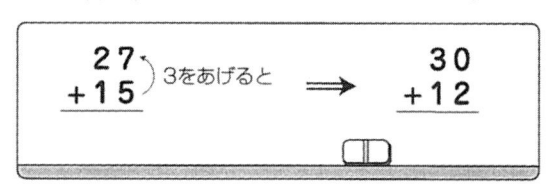

別々にやったのだという考え方は，もうおわかりだろう。

27＋15を十の位，一の位とやったのだ。これなら楽であるし，繰り上がりの1を書き忘れる心配もない。

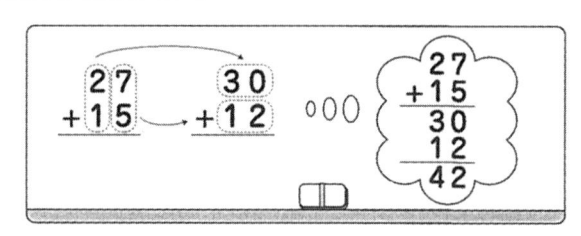

そもそも，我々はかけ算の筆算のときは部分和を書くのが当たり前だと思っているくせに，なぜたし算のときは部分和を書かないのだろう。

子どもたちはちゃんとこんな発見をすることができる。もちろん，この部分和を書く方法を子どもが自分から発見することができれば，本当は望ましいのだろうけど，すでにどこかで筆算とはこんなものだと知っていたら，自分独自の筆算をつくり出すことは難しいだろう。だから今回私がやったように提示してやることで，子どもたちがつながりを見いだすように仕向けていくのがいい。

これなら3位数同士だってどんどんできてしまうのだから，子どもたちも本当はこちらを身につければ楽かもしれないなあと思うぐらいだ。

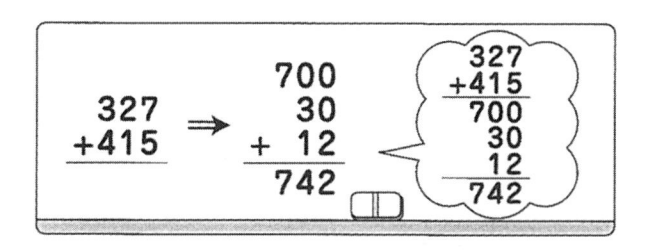

2　自ら算数世界を広げていく子どもを育てる授業

私が育てたい子どもとは「自ら算数の世界を広げていく子ども」だと，ここまで繰り返して述べた。それは知識・理解の視点から見た算数も同じである。もちろん，教えなくてはわからないことも多いから，発見させることと教えることは区別することが必要だ。

これについても面白い話がある。

4月の温かい金曜日の午後のこと。4年生の子どもたちと大きな数を学習していたときのことである。

千万の位までの数表現を学習しているわけだから，億よりも上の位がどの

ようになっていくだろうかは，ある程度予測できるだろうと思った。
　位の読み方などは想像させるものじゃなく，教えるものだという強い意見を聞いたことがある。私も実は半分そうだと思っていたけれど，できるだけ「今までとの接点」を探らせる授業にしたいと思って，この授業には臨んでみた。すると，やはり子どもたちの素直な声から，私自身も小さな発見に出会えた。
　きっかけは，十万，百万，千万ときたときに次を万万と読む子がいたことからである。実はこのように読む子は，私が何度か飛び込み授業で行ったときにも何人かいた。億と答えた子にも「もしも，読み方を知らなかったらどうするかなあ」と問いかけたら，「万万」と答える子はたくさんいたのである。授業をしながら（この読み方は自然だよなあ，この発想が生きる場面はないかなあ）と考えていた。
　ではここで，それぞれの読み方の意味をもう一度考えてみる。
　十万は一万が十個あることであり，百万は一万が百個あることである。だから万万は一万が一万個あることなのだ。よく考えればこの方が億という言葉より大きさがイメージできる。
　そういえば，一，十，百，千，万ときたときに，この後はそれぞれの数の次に万がくっついて数を表現している。だから，この後もおそらくずっと万をもとにして考えていくのだろうと思うことは自然である。
　でも，万万まではまだいいが，この後は大変になる。
　十万万，百万万，千万万，万万万となっていく。やっぱりこんなふうになっていくと読みづらい。
　このあたりで万万を束ねて表す言葉として「億」という単位がある方が便利だという話題ができる。ここでやっと「教える」のである。

するとこのとき,「万万万」を見てある子が「どっちの万万を束ねるの」とたずねて面白くなった。

　万　千　百　十　一
　万　万　万　万　万　千　百　十　一
　万　万　万　万　万　万　万　万　千　百　十　一

そういえば,一兆は万万万だから,これを「万万」万と見ると,一万が一億個あるという見方になる。万「万万」と見れば一億が一万個あるという見方にもなる。これは面白い。

億という言葉にも兆という言葉にも,子どもたちは数の大きさのイメージが実はもてないでいる。

でも万を単位にしてイメージすることならば少しはできる。一万円札がたくさん集まっていると思ってもいい。

すべて万がもとだと考え,それぞれを相対的に表してみるという活動は,大きな数を見つめなおす活動としても面白いかもしれないと思った。

ともかく,表現方法を従来どおりの言葉だけで何とかしようと考えたことが,実はこのように,数を相対的に見る場面につながった。

千万の次は億ですよと教えるだけの授業では,このような新しい数の見方は期待できなかっただろう。

ここは教えるべきところだと思うところでも,できるだけ子どもたちが自分たちの力で,新しい扉を開けていくように感じさせていくことはできないかと,考えていくことは無駄ではない。決めつけて見ていた教師が,このように新しい展開に出会えることもある。何より大切なのは,「この先生は子どもたちが自分たちの力で新しい世界を広げていくような算数を伝えたいと思っているのだな」と感じさせることである。

実は,このように子どもたちが自ら算数世界を広げていくことを期待する立場は,新しい学習指導要領の中にもいくつかその記述は見られる。

例えば,計算の分野では次の部分がそうだ。

「除数が1位数や2位数で被除数が2位数や3位数の場合の計算の仕方を考え、それらの計算が基本的な計算を基にしてできることを理解すること。」

これは、数範囲の小さいときの計算が次の計算のもとになっているという見方を、子どもたちに培うことの大切さを述べている。

2位数÷1位数の計算が終わって3位数÷1位数の計算に移るとき、まだ習っていないから早く教えてという態度に子どもたちがなっていたとしたら、目的は達成できていないことになる。

2位数÷1位数の学習の中で、「だったら3位数でも同じようにできるのかな」と、子どもたちが動き出すような授業にしていかねばならないという主張である。

今回の学習指導要領は、確かに内容を削減しすぎた気配があるが、その根底には、活用できる基礎・基本の力を育て、子どもたちが自ら算数世界を広げていけるようにしたいという想いも、実は読み取れる。

このような時間を経験した子どもたちは、自らに問い続け、できる計算の範囲を広げていこうとするだろう。学習指導要領の計算の範囲が3位数÷2位数までだとしても、このような態度が身についた子どもは自分で4位数をわる場合、3位数でわる場合と広げていくことを楽しむ子どもになる。

求める姿は「一を聞いて十を知る」という子どもの姿である。

3 何のための算数か

子どもたちが自分で自分の算数世界を広げていくようになると、算数の学習も楽しくなる。

世の中では、算数というのはいかに効率よく成績をあげていくかに躍起になっていると思われているけれど、ここで「何のための算数か」を考えてみ

たいと思う。

　実は「何のための算数か」を考えることは，学習指導要領が変わるときには必ず話題にされてきた。私の所属する筑波大学附属小学校では『教育研究』という月刊誌を発刊しているが，節目節目にこのテーマについて考える場を設けてきた。

　「何のための算数か」と考えると，必ず話題に上がるのが「数学的な考え」の育成についてであった。ところが「数学的な考え」とは何かという話になるとこれまた曖昧なままであった。

　東京教育大学附属小学校時代の昭和41年の『教育研究』では，これをダイレクトに問いかける特集を組んでいる。

　「数学的な考え方とその指導」という特集は当時としては大ヒットで，全国の先生から読みたいという問い合わせが殺到したと聞く。

　その特集の中で東京教育大学の秋月康夫氏は次のように述べている。少し長いが大切なことなので引用する。

　　数学的な考え方と称するものは，数学活動（表現された数学だけではなく，数学を創り出していく思考も含めて）のすべてを通して体験的に総合的にむしろ直観的にとらえられるものではないかと思われる。客体的にながめてそれは集合，写像，あるいは作用，または位相のような基本概念にあるといっても，これらのどれもが基本概念であるには違いないがそれで全部を尽くしているものではない。こういう基本概念一つ一つのうちに，その精髄をつかんだ瞬間に分かるものが「数学的な考え方」というものであろう。これらの概念はいわゆる数学的な考え方が凝集してできた個々の立派な結晶であって，それらの個々を貫いている生命が数学的な考え方なのであろう。それらの概

> 念がどうして得られるか，類推から得られることもあれば，帰納的に推察されることもあろう。しかし，類推，帰納，もしくは演繹だけがそれを導く思考方法でもない。そのような思考方法は数学的な考えを生み出す有力な方法であるには違いないにしても「数学的な考え方」を尋ねるとき，個々の概念，思考方法の形式にそれを求めようとするならば，ザルで水をすくおうとするに比すべきではないかと私には感じられる。

　秋月氏の論を読んでいて，至極納得する部分があった。数学的な考えというと代表的な方法として類推，帰納，演繹のような方法をあげる場合が多いけれど，これらを形式としてだけ子どもたちに求めていくのでは，一番大切な部分を見落としていることになるというのである。同感である。
　つけ加えてはっきりと「できた数学を文字通り適用する，あるいは公式の文字に数を代入して盲目的に計算するなどには数学的な考え方は眠っていてもいいのである」と断言している。
　これらは，数学をさせるときに何が大切なのかを考えていこうとする，今の我々の姿勢と共通するところがある。では，これらを小学生の子どもたちの場面で考えると，どのような場面があるのだろう。
　秋月氏の論文を私なりに整理すると次のようになる。

> ●数学的な考え方の第一歩は整理，整頓である。
> 　物を数えていくことがそのはじめである。これを少し発展させたものが組み合わせ論になる。
> ●ついで数量化である。
> 　長さを測り，重さを量り，……。可能なかぎりのすべての現象を数量的に表し，これを比較すること。
> ●次は記号化，一般化であり形式化である。
> 　比例関係にあるものを観察したり，その法則がいかに簡単に数式で表せるかをめざす活動をすることで培っていくとよい。

秋月氏は，大人になる前にこのような目を育てることで，
「これで一応，生な素材，観察や実験の結果を数学的なデータとして仕上げるまでの態度は養われるであろう」
とまとめている。
　日常の事象を数理的に処理していく姿を求めていくことの原点は，このような言葉で言い換えてみるとわかりやすい。
　昭和41年の特集では，この「数学的な考え方」とはなんぞやということに多くの大学の先生，現場の先生の意見が集約されているが，当時の『教育研究』の編集長であった算数科の中川三郎先生，編集委員の正木孝昌先生は，この41年の特集をさらに小学校の視点にたって考えてもらいたいと企画し，昭和46年に「算数の考え」という特集を組んでいる。
　私はこの特集の中で非常に興味ある論文に出会った。
　それは北山巽先生という本校算数部の大先輩の論文だった。
　タイトル「数学は自由である」という論文には，今私が表現力に焦点をあてて子どもたちの力を育てていこうとする気持ちと，ぴったり一致するところがたくさんあった。
　氏はこう述べる。

> 　算数指導者は何よりもまず，子どもに自由に考えさせなければならないということである。「自由に考えさせる」ことは創造的発見的に考えさせる場合に大切なばかりでなく，論理的に筋道を立て考える場合にも大切である。「ひとりびとりの考えを育てる」ということが強調されるけれど，このことは子ども各自に自由に考えさせることを離れては成り立たないことである。

　さらにこの論文の後半で北山氏はこのように力説する。

> よく「考えようとしない」という教師のなげきを聞く。子どもが考えようとしない原因はいろいろあるであろうけれど，大きく分けて私は二つあると考えている。そのひとつはどう考えていいか手法を知らない場合で，他のひとつは考える楽しさを味わったことがない場合である。前者についてはここではしばらくおく。後者の原因の大半は「自分の考えが認められない」ことの積み重なりの結果である。ひとこと発言すれば教師に叱られ同僚に笑われていては，発言もいやになり，ひいては考えることもいやになる。

　私が，算数教育は学級経営の土台がしっかりしていないと成立しないと述べたのはこういう想いと一致する。
　そして北山氏が述べた最初の論点の「考える手法を知らないがために考えられない」という点も同感である。
　算数・数学は，その教科の特性から，論理がとても緻密である。だから子どもたちが「考える」という訓練をするのにとても適している。
　そして，その訓練を先人の発見の追体験をするという形で行う。
　これが文化の伝承面も同時に背負うことにつながっていく。
　小学校，中学校という義務教育段階では全人格的な教育が必要だから，内容の定着だけに躍起にならず，このような「考える力」育成に焦点をあてていくことが大切なのは誰もがよくわかっているはずである。
　しかし，算数教育は本当に独自の「考える力」育成に焦点をあててきたといえるだろうか。本当に「考える力」の育成を図るのならば，友達の優れた考え方の発表を聞くだけという授業形式からの脱却を考えることが必要ではないだろうか。友達の優れた考え，完成された先人の素晴らしい考え，これらを聞いたり読んだりするだけで習得するのならば，読書をしているのと何ら変わらないからである。
　「考える力」を育てる教科の役割は，子どもたちに「考える手法」を納得の伴う学習で身につけさせていくことであり，それは「考えることを共に楽

しむ仲間」の中でこそ育っていくものなのである。

　北山氏が指摘する「考える手法」を知らない子どもたちを育ててきたことについての反省は，教科教育の独自性を求められている今こそ，我々が意識していかねばならないことだといえるだろう。

　その意味では，効率よく定着していくための学習指導が最近流行っているけれど，実はこれについても同じ危惧を感じる。

　「こうすると速くできるよ」「こうすると確実にできるよ」というようなことを，秘訣を伝授するように教師から授けることに終始していたら，「自分たちで創る」という能力に欠ける子どもたちがたくさん巣立っていくということが，どうして察知できないのだろうか。算数がそのような指導方法で，多くの知識量を定着させていく時代は終わったといってよい。

4　算数教育観の変革が求められる時代

　先に述べたように，「読書」や「調べ学習」をしているのと同じような発想で，算数の授業をしていくのだとしたら，知識や情報を集めていくことを目的とした学習と変わらなくなる。CD一枚持って歩けば百科事典にも相当する知識をもち運べる時代に，そもそも知識量・情報量を増やすだけの教育にどれほどの価値があるだろう。ましてや算数の場合は必死でたくさんの情報を集めてみたところで，それらを生活に役立てることも少ないし，テスト以外では自慢するところもない。

　もっとも最近では，テストの点数をあげることだけを目的にして算数教育を推進していこうとする動きもあるようだが，なぜか算数だけは未だにこうした教育観から抜け出せないでいるのは不思議である。

　これまで民間の教育団体が様々な主張を繰り返し，社会にしろ国語にしろ理科にしろ面白い動きがたくさんあった。それらはいずれも子どもたちの豊

かな「動く力」を育てる試みであり，結果的に知的好奇心の旺盛な子が育ったり，発言力のある子，作文の力が豊かな子が育ったりしていた。興味深く見ていた。

しかし，算数の場合は，なぜかテストで点数をとることが大きな課題となることが多い。しかも市販のテストのような一律のテストに対してである。なぜだろうか。

これは算数という教科が他教科と大きく異なって世間から見つめられているという最大の証でもある。

そしてこれからの時代，算数を研究していく者が真剣に向かい合っていかねばならない確かな厳しい現実でもある。研究者たちがその事実に向き合い，はっきりとした結論をだすまでは，現場はテストの得点をあげることに躍起になるだろう。

だがそれとて，もしも大学入試がなくなったら，世の中の教師の構えも180度変わってしまいかねないような脆いものである。つまり，そこには教育に対する確固たる理念は見えない。

だが，私もテストは行う。いわゆるペーパーテストは年に一，二回しか行わないが，ノートを活用したテストは頻繁に行う。

そして，ペーパーテストをするときはかなり考えてつくる。

私が行っている授業から判断して，このレベルのテストならば全員が90点以上をとってくれるだろうと考えてつくる。中身はかなり基礎的なことにすることが多い。

そして，実はこれは自分を試しているテストであると考えて行う。

そもそも評価とは，子ども集団を数値で輪切りにして評定するためにあるのではない。

私が，これなら全員が90点とれるだろうと思ってやったのに，半数以上がとれなかったとしたら，私の授業で基礎的なことが定着できなかったのだということがわかる。そのために行っているのだ。今のままの授業の方法では

だめなのだと反省し，授業方法を改善していくことを考えなければならない。それを振り返るために行うのがテストである。(同様に，子どもは子どもで自分を振り返るためにテストを受けていると考えたい。)

だから基礎の定着を見るペーパーテストと，考える力や授業への参加度を見るためのノートを活用したテストは使い分けている。

もう一度いう。

忘れてはならないのは，教師が自分の行った教育活動が適正に成果を上げているかどうかを見るというのが，本来の教育評価の役割だということである。つまり，行うテストだけでも，その教師の授業観，教育観が実はよくわかる。

5 現場の算数教育研究はもっと帰納的である方がいい

● このようにしたら，子どもたちがノートにたくさん自分の思ったことを書けるようになったぞ
● こうすると，曖昧な状態の自分から，筋道を立てて考えていく状態に変身していく姿が見えたぞ

世の中の算数の研究発表でこうした事実が具体的に提案されたら，算数教育における教師の取り組みも変わっていくだろう。

心ある教師ならば誰だって，子どもたちが算数に生き生きと向かう姿は，見ていてうれしくなるからである。

その意味では今，いろいろな研究会で報告されている内容は，あまりにも形式的でつまらない。テーマ，仮説が先に完全にできあがっていて，どのような事実があろうとも，無理やりそれに摺り寄せて分析した文章をくっつけるだけの発表がやたらと多いのは，衆知の事実である。

仮説が間違っていましたという報告など聞いたことがない。

こういう発表には，聞いている側にも実感としてそのよさが伝わらないから，次第に人も集まらなくなる。
　だから，すぐに役立つことを報告してくれる民間の団体に，多くの若い教師がひかれるのもよくわかる。
　そもそも小学校の先生が，大学の先生と同じ研究をする必要はないのだ。同じ形式を守る必要もないではないか。
　研究とはこういうものだと決めつけられて，そのルールに従わないのはだめな研究といわれてそれを信じている人が多いけれど，自分は一体何のためにその研究に取り組んでいるのかを考えてみればいい。
　先ほど「何のための算数か」を考えたけれど，「何のために自分は算数を研究しているのか」を考えてみるのである。
　小学校の先生が大学の先生と同じことをするのなら，役割分担をしている意味がない。現場の教師は臨床がたくさんできる。
　理論としてではなく，なぜかはわからないけれど，感覚的にこんな子どもたちっていいなあと感じる能力はもっている。
　多くの教師たちが，こんな姿がいいなあと感じる事実をたくさん報告しあえばいい。そのとき，客観的に見てくれる大学の先生が側にいて分析してもらえたら，よいデータにはなるだろう。ただ，そのときにその方が，子どもを目の前にして10分でもいいから楽しませることのできる人であってほしいなと思う。
　私の恩師，手島勝郎氏は現在聖徳大学の教授をされているが，大学での先生たちの授業研究会を最近始めたのだという。小学校や中学校の先生に授業の仕方をいろいろと注文つけるけれど，肝心の自分の授業で学生が眠っていたり私語が多かったりするのでは意味がないというのだ。相変わらず頼もしい先生である。
　授業について語るには，授業について真剣に考えている者同士で行いたいものである。そうなると情報交換も意味がある。このときに，仮説がしっか

りとしていないからだめだなんていう人はいないだろう。

　こうした視点はいわゆる指導の立場にいる方たちにも気をつけてもらいたい視点である。研究者になるための人間と現場で明日も授業をしていく人間が研究する目的は，自ずと異なっていることを知っておくことだ。

　私は一授業者である。

　毎日，教室で子どもたちとたわむれている時間が一番楽しいと感じる側の人間だ。

　だから自分のクラスの子どもがどのようにすると生き生きとしてくるのかをいつも考えて，日々子どもたちを見てきた。

　そして，子どもたちの考える力を育てるためには，「どのようにして考えたらいいのかを共に考えていく時間」をもつことが必要なのだと思うようになった。そのためには，結論を報告しあう授業ではなく，いかにして考えている過程を表出させるかが，大切な視点になると考えた。

　そして，子どもたちが考えている過程を表出しているときには，いくつか共通する種類の「語り始めの言葉」があることに気がついた。

　もちろん導き出したものは，先に述べたように具体的な事実から考えたものであり，非常に帰納的である。いや感覚的といってもいい。

　しかし，その結果行った授業を，先日あるアメリカの学者が参観して次のように感想を述べた。

　「子どもたちの語りがとても面白い。なぜこのように話せるようになったのかを分析してみたい」と。さらに，このようにたくさんの考える言葉を使い

こなせる子どもたちを育てる，具体的な方法を聞きたいとまでいわれたのである。

ディスカッションの得意な国でも，今その具体的な方策を手探りで模索していると聞いて面白いなあと思った。

こうして考えていくと，思考のシミュレーションを担う教科の役割は，人間教育の土台を司るという意味でも重要である。

そして，その軸となるのは友達と交流しながら自分の考えを高めていく子どもたちの交流の道具，表現力にある。

もう一度北山氏の論を思い出してみよう。

算数教育の課題は次の二つになる。

○考える手法を伝えるのだという意識が欠如していたということ
○共に考える仲間を育てるのだという意識が大切なのだということ

では，この二つの課題を解決するために，授業において育てる子どもたちの表現力を思考過程の表出という視点で見つめ直し，考えてみたいと思う。

2．思考過程が見えてくる授業を創ること

1 思考過程を表現すること

算数科で表現という言葉を考えると，次のような場面が浮かぶ。
- 式で表現する
- 図で表現する
- 操作で表現する
- 言語で表現する

　もちろん，それぞれが独立したものではないから重複して活用されるものだが，これらの表現方法が，子どもたちの中にどのような伝えたいものが生じたときに有効なのかを，授業をする側は意識していることが必要になる。

　こうした表現の四つの様相の中核になるのが，4番目の言語による表現である。式で表現するときも，図で表現するときも操作で表現するときも，実はその支えとして常に機能しているのは，言語による表現だからである。

　よく考えると，我々が授業中に行っていることは，要するに，子どもたちが借り物ではなく，自分の言葉で自分の考えていることを表現できるようになることを願っての働きかけだといえる。

　だから式で表すことも図で表すことも，操作の場面においても，その子なりの表現方法が望まれる。

もちろん,最初から小学生の子どもがそんなにきれいに,考えたことを理路整然と表現するわけではない。最初は「えー」とか「だって」のような,感覚的なつぶやきとして表出される程度である。もしかしたら,身振り手振りの中にあるかもしれない。空中に指で何やら図らしきものを書きながら考えているかもしれない。

　こうした断片的な,しかし素直な一つ一つの反応こそが,実はその時点での,子どもたちの素直な「考えている過程」の表出の場なのである。

　このような,子どもたちの無意識な表現を教師が敏感に取り上げ位置づけていく作業が,授業そのものである。

　そして,やがて子どもたちの言葉が「それは変だよ。こういうときだめだもん」とか「あっ,面白いことに気がついた」「ねえ,先生,いつも同じになっているよ」「それならこういうときもできるのかなあ」というように,自ら問いを育てていく言葉へと変容していくように育てていくことが必要なのである。

2 子どもの「語り始めの言葉」にこだわる

　友達に本当に自分の考えていることを伝えたいと思うとき,子どもたちは様々な表現力を駆使する。授業で懸命に自分の考えを語る子どもの言葉を全

部同じ種類のものだと思っていてはならない。

　それぞれを「語り始めの言葉」に着目して分類してみると，次のような種類の言葉が存在していることがわかる。

例えば……	自分なりのわかり方に置き換えて話す子ども
だって，でも	友達の考えにかかわろうとする子ども
まず，それから	考えている筋道を整理しようとする子ども
だったら	活動の先を考えようとする子ども
そしてさらに，	
もしも	発展を考えたり，ものごとを整理したり，一般化を図ろうとする子どもが使う魔法の言葉

というようなものがある。
　それぞれの言葉のもつ価値をもう少し詳しく説明してみる。

◆「例えば……」

　この言葉は，子どもたちが自分の考えたことを何か具体的なものに置き換えて語ろうとする言葉である。
　よく考えると自分なりの「たとえ」に置き換えることができるということは，本当によくわかっていないとできない行為である。
　「例えば，これを10とするでしょ。そうすると……」というように，友達がイメージしやすい場面に置き換えて話すことは，友達の役にも立つ。
　抽象的なことを語っているときは，うなずいていた友達が，「例えば……」と語り始めたときから「それは違う」と反応してくることもあるから，誰かが「例えば」と語り始めたときには，子どもの中でズレもたくさん生まれているのだと思って，子どもたちの表情を見つめているといい。
　すると，じっと聞いている子の中に，小首をかしげる子どもの姿が発見で

きる。こんな子を見つけたら、すかさず指名してみる。

　子どもたちの小さな解釈のズレが全体の話題にできる。

◆「だって……」「でも……」

　これらの言葉は、友達や先生の話に主体的にかかわろうとする子どもの言葉である。これらは、時には反例をあげてかかわろうとしたり、理由を述べたりというように、目的は変わるのだけれど、真剣に友達の話を聞いている子どもならば、自然と発することの多い言葉である。

　授業では、実際には小さなつぶやきとして存在していることが多いから、教師はアンテナの感度を高め懸命に拾うように努力する言葉であるともいえる。

　このような友達にかかわろうとする言葉が聞こえたら、これもすかさず指名してみるといい。停滞していた授業が活性化する。

◆「まず……，それから……」

　このように語り始めることができる子どもは，自分の考えを一度見つめなおして，思考過程をいくつかのかたまりに分割し，整理しようとしている子どもである。こうした発言のときは，その子に全部話させないで「まず……」の部分でとめて，聞いていた他の子どもに続きを考えさせてみると面白い。

　最初はわからなかった子どもも，きっかけをもらうと動き始めることができるから，多くの子どもが解決の楽しさを味わうことができるようになる。

　さらに，このように思考過程をいくつかに区切って伝えるということが，友達に何かを伝えるにはわかりやすい方法なのだとわかると，発言する子どももそれを意識するようになる。

　「区切りながら話す」ことは「友達の話を区切りながら聞く」子どもを育てることにつながる。

　慣れてくると，話し手は「ここまではいい？」と聞き手を意識した発言の仕方をするようになるし，聞き手も「そこまでは，わかるんだけどね，そこからがよくわからない。そこからはもっとゆっくり話して……」というように整理していくようになる。

　理解するという行為は，自分の中で知識を整理し位置づけていくという作業であるから，このような子どもたちの変容が見られるようになったら，大きな前進である。

◆「だったら……」

　この言葉は，授業を評価する言葉だと考えてもいい。授業の中で子どもたちに「やりたいこと」が生まれた瞬間に発する言葉だからである。

　授業の中の活動が自然に発展するような流れをもったときに，子どもたちは先を見通して動き始める。断片的な問いかけの連続では，子どもたちは活動に流れを感じないため，いつまでも受け身なままである。

　「先生，だったらその数がもっと大きくなったらどうなるの？」というように，教師の先を歩こうとする子どもが登場したら，大げさにほめてあげよう。

　実は，このような子どもを育てるために，授業は行っているといっても過言ではない。言い換えると「だったら……」と動き出す子どもが生まれない授業は活動に連続性がないと，教師は自らの授業を評価することができる。

◆「もしも……」

　この言葉は実に便利な言葉である。そして算数では一番身につけさせたい言葉である。

　「もしも……」と働きかけることは，事象を整理しようとするときにも使う。五角形ではわからないけれど，三角形ならわかるというようにである。自分のわかりやすい場合に置き換えて理解しようとする姿は，「例えば」の使い方と似ている。

一つの問題を解決した後で，もっと他の場合にも使えるのだろうかと考えるときにも用いる。
　これは「だったら」と似ている。
　つまり，同じ語り始めの言葉でも，いろいろな考え方を表現するときに用いられる言葉なのである。
　だから便利な言葉だと述べた。
　秋月氏が大切な役割として最初にあげた「整理整頓」の力に直接結びつく言葉でもある。
　子どもたちと授業をしながら，無意識に使っている子がいたら，意図的にほめたり，他の子どもにも使うように仕向けたりするといい。
　授業の中では，この言葉が今どのような働きで使われているのかを教師の方が整理し，それぞれの役目を意識させていくことが大切になる。
　そうか，ここでAくんのように「もしも2桁になってもできるのかなと考えるのはいいね。これが1桁のときだけ使えるものじゃないと思ったんだね。でも本当にうまくいくかなあ」と強調してやるのである。
　一般化していこうとする姿勢は，このような場面を繰り返して体験することで身についていくのである。
　算数の授業の中で，子どもたちが自由自在にこうした種類の言葉を使いこなせるようになると素晴らしいと考えるのである。

2　子どもの「語り始めの言葉」にこだわる　37

第 2 節　思考過程が見えてくる授業を創ること

第 2 章

語り始めの言葉を生かした算数授業

1．語り始めの言葉が授業の方向を創る

では，第2章では，子どもの語り始めの言葉を意識すると，授業づくりがどのように変わってくるのかを，具体的な実践事例をもとに考えてみようと思う。

❶ 「例えば」から生まれるズレを活用した授業

6年生で，分数のわり算の仕方を考える授業をした。

ひっくり返してかけ算するというような形式にすぐに走らず，どこまで自分たちだけの力で計算の仕方を考えることができるかを，考えさせていきたいと思って取り組んだ。

授業の最初に，まず次のように板書して「□にどんな数が入るのなら，できますか」とたずねてみた。

$$\Box \div \frac{1}{4}$$

これまでの学習との接点を探らせる問いかけである。

子どもたちが，$\frac{1}{4}$を入れるのならすぐにできるという。

いや整数を入れるのならいいよという声も出る。分母が4の分数を入れるのでもできそうだという声もある。
　それぞれが分数に対してもっているイメージを総動員する時間となる。
　確かに $\frac{1}{4} \div \frac{1}{4}$ というように同じ数字を入れるというのは、わかりやすい。同じ数字同士でわるのなら、答えは1である。
　ここはみんながすんなり納得する。
　ところが、整数を入れればいいという意見になると、子どもたちの考え方にズレが生まれた。
　ある子は4を入れればいいといい、ある子は1を入れるのがいいという。
　整数だから理由はあまり変わらないのだろうと思っていたら、大きく異なった。
　4を入れればいいという子が、答えは1だといいだしたからである。
　$\div \frac{1}{4}$ というのが4つに分けたときの1つ分をだすのだから、4を4つに分けた1つ分は1だという。
　さあ、これを聞いた子どもたちが反論する。
　$\frac{1}{4}$ というのは1の中に4つあるでしょ。だったら4の中には $\frac{1}{4}$ は16個あると思う。だから答えは16になるはずだよという。

実にわかりやすい説明だと思ったが，□に4を入れればいいといったS子はまだ首をかしげている。
　そこで，その子が他のわり算の式をたとえに使って説明を始めた。
　「8÷2というのは8の中に2が何回あるかを考えるんでしょ？　だったら，同じように4の中に$\frac{1}{4}$が何回入るかなって考えたらどうかな」と。
　わり算の意味を考えながら話す子の多くは，このように包含除の場面で説明する子が多い。わり算の操作のイメージがつかみやすいのが包含除のイメージだからだという意見があるが，私もそう思う。
　ところが聞いていたS子は「8÷2は8を2つに分けるというふうにもいうじゃない。だから2つに分けたうちの1つを求めるんでしょ。これって$\frac{1}{2}$のことでしょ」と反論して面白くなった。
　なるほど，だから$4÷\frac{1}{4}$は4を4つに分けた1つだというのである。わり算の分けるという言葉のイメージと分数の表現のイメージを混同しているのである。
　これについては，友達から「でもよく見ると÷2のところが分数になっていないよ。S子のいってるのは÷4のことでしょ」といわれて，やっと落ちついた。確かにそういわれてみればそうだ。
　こんな小さな認識のズレは，子どもたちが素直に思ったことを表現してくれるようになっていなければ，表にはなかなか出てこない。
　ここまでで，確かに4つにわけた1つ分を求めるのが，4でわることと同じだ，ということはわかった。
　でも，$\frac{1}{4}$でわるというのは，どういうことなのだろう。
　ある子が，$\frac{1}{4}$がいくつあるかだと答えたが，それは8÷2を2が何回あ

るかと考える方法の方であり，2つに分けるという意味とは違う。

さて，困った。

だが，子どもたちが分数のわり算の意味を2つの場合に分けて考えているところには大きな意味がある。

まずここまでを整理してみる。

◆　8÷2を8の中に2が何回あるかと考える

$4 \div \frac{1}{4}$ は4の中に $\frac{1}{4}$ が何回あるかと考えればいい。1の中には4回だから4の中には4×4で16個あることになる。

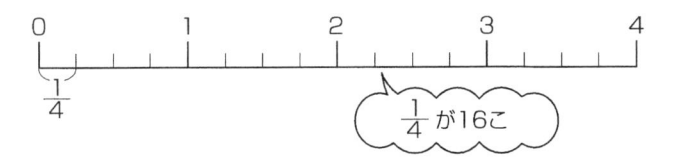

◆　8÷2を8を2つに分けた1つ分を求めると考えると

$4 \div \frac{1}{4}$ は4を $\frac{1}{4}$ に分けた1つ分ということになる。

でも $\frac{1}{4}$ に分けるってどういうこと？

となって，子どもたちのはてなはますます深まる。

これが課題となって残る。

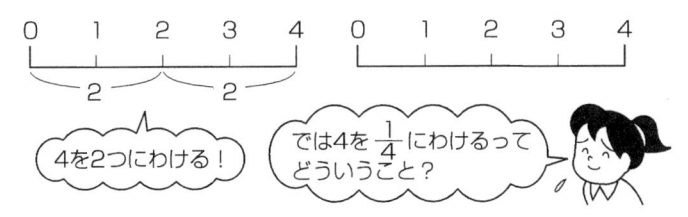

つまり，ここからは割合の考え方が活用されないとイメージがつかめない。

一般には，4㎡を$\frac{1}{4}$ℓのペンキでぬります。1ℓのペンキではどれだけぬることができますか，というような問題場面を設定して，$4\div\frac{1}{4}$の計算をさせていく。

　これは答えの16㎡はイメージしやすいが，今度はこの場面がわり算の式になるということを理解させるのに，少し無理がある。

　形式不易で子どもたちが立式することを期待した展開が多いけれど，そんなに子どもは単純ではない。

　これについては，「もしも」の言葉を活用した事例のページ「÷0.5の場合を考える」ところでも同様の問題点について述べている。あわせて読んでみていただきたい。

　1よりも小さい数でわる場面については，意味理解に重点をおくか，形式の変形で仕方を考えさせるかはっきりと姿勢をつくっておかないと，混乱したまま授業は終わってしまうことになる。

　今後も算数教育の研究の題材として取り組んでいくべきところである。

　実は，この授業でも私は危惧した失敗を犯してしまっていた。

　意味で理解しようとした子どもたちが行き詰まったところで，形式を変化しようとして乗り越えていく子どもたちの意見の方に，流れを変えてしまったからである。

　そのきっかけは，「そんなに苦労するんなら，4を$\frac{16}{4}$とすればいいんじゃないかな」という声だった。

　そういえば最初から分母が4の分数ならいいと

いう声は聞こえていた。ここでとりあえず,そちらの話題に結びつけてしまったのである。

　確かに $\frac{16}{4} \div \frac{1}{4}$ と考えれば,意味は16÷1と同じである。
これを見て多くの子が安心した。

　「そもそも÷分数なんか,だからよくわからないんだ」と力強くいう子もいた。

　これはいいやという声が出て,他の友達からもほめられ発見した弘嵩もうれしそうである。

　だがすぐに,「でも分母が4じゃなかったらどうするの」という声が出て,シュンとなる。

　だがここはすかさず,通分すればいいという意見がでる。

　確か,分数のたし算のときも,分母が異なっているときは通分したではないかという応援がつけ加えられて,ますます得意げになる。

　かくして分数のわり算も,たし算やひき算のように,通分すれば大丈夫だよということになった。

$$\frac{3}{5} \div \frac{1}{4} = \frac{12}{20} \div \frac{5}{20} = 12 \div 5 = \frac{12}{5}$$

　どこかで,ひっくり返してかければいいと習っていた子が活躍する場はなかったから,子どもたちの算数観にも直接働きかけることができる時間となったといえるだろう。

　意味の理解の場面での戸惑いは解消したわけではないが,式を変形していく方法ならば,何とか自分たちだけで新しい計算方法をつくり出すことはできた。

　これまでの知識や技能を用いることで,新しい計算の仕方を子どもたちだけの力で発見することができることを実感させることはできた。

　ここで着目したのは,子どもたちの「例えば」と説明する場面である。

最初は□に入れる数のズレが問題となった。続いて8÷2で説明するときにズレが起きている。
　子どもたちが自分なりのわかり方で他のことに置き換えようとする場面にはこのように，これまでの子どもの理解度の違いがまずは大きく話題になる。
　それを友達との話し合いの中で次第にそろえていき，新しい計算の仕方を考えていくことに役に立たせるのである。この過程のやりとりを楽しむのである。
　アインシュタインの有名な言葉に，
「種々の現象を論理の力で既知のものに帰着させるのが楽しい」
という言葉がある。
　子どもたちに味わわせたいのは，まさしくこの境地である。

　ちなみに，新しい計算の仕方を考えるときには，このように「□の中がどのような数ならばできそうですか」とたずねることは，共通して使える方法かもしれない。
　子どもたちの「例えば……」という語りをダイレクトに生かすことのできる展開方法になるからである。
　子どもたちが，このように思考過程を共有することを楽しみだすと，本当に自分たちの力だけで問題解決を楽しみ始める。
　そこには，子どもたちの自然な思考活動における一つの流れが誕生する。
　こういうときの子どもの活動は，
「そうか，それならこうすると，どうなるだろう」
「だったら，こんなふうにすればできるかな」
というように連続していくようになる。
　自分で，次から次へと，自らに問いかけていく活動を楽しませることを授業の後半の目的と考えてみよう。

では，次にこのような活動を連続させる言葉が登場する授業づくりについて考えてみよう。

2 「だったら」が聞こえる瞬間を演出する

1cm間隔の格子点が書かれた用紙を配った。5年生である。

そして「5cm²の形を作ってみましょう」ともちかける。

最初は正方形をつないだだけの形を作るが，そのうち正方形の半分の形をつないだものも考え出す。

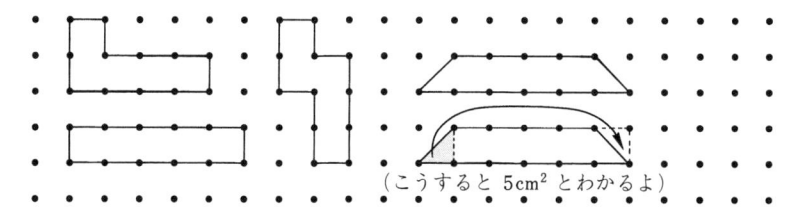

（こうすると 5cm² とわかるよ）

子どもたちとできあがった形の面積が本当に5cm²かどうかを確かめる。

4年の復習にもなる。長方形や正方形を半分にした三角形の面積の求め方も，この場面で話題になる。

確かめ作業をやっているうちに，正方形5つ分で作った形は，すべて12個の点をつないで作っていることに気がついた。

「なんだ，12個の点を使っているかどうかを確かめればいいんだ」という声がする。ここは子どもから聞こえるのを待つのがいいが，出そうにないときは，わざと周囲の点に目がいくように仕向けてやる。

例えば，Aくんの図形を写しとるときに，「えーと，こんな形でいいのかなあ」といいながらわざと間違える。

すると「先生，ちがうよ。ほらもう1個上までつなぐんだよ。それから横には4つ進むの」というように点の数を話題にするようになる。

すかさず「えーと,全部でいくつの点をつなげばいいの」と切り返す。「12個かな」という答え。ここでおそらく,「あれ,ぼくのも12個だよ。先生,形は違うけど同じだ」というような声が聞こえる。他の声が聞こえる前にこの声をとらえて「なんだ,点12個つなげばできるんじゃないか。簡単だね」と切り返してみせる。

すると「いや違うよ,ぼくのは10個の点しか使ってない」という意見が必ず返ってくる。

「10個のは面積が違うんじゃないの？」と挑発してみせる。

報告した子は不安げである。しばらく自分のノートとにらめっこしている。そして,「いや,大丈夫だよ。確かに5㎠ある！」という返事。

そこで黒板に出てかいてみてもらう。全員で確かめ作業をするためである。

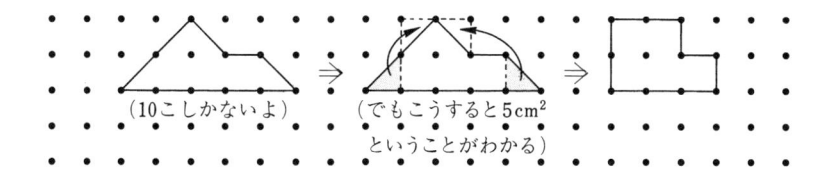

（10こしかないよ） ⇒ （でもこうすると5㎠ということがわかる） ⇒

本当によさそうだ。

このときに行っている活動も面積の学習としては価値ある活動なのだが,注目してもらいたいのは,これらがすべて「だったら……」で続いていることである。

整理してみよう。

ぼくは12個の点を結んで5㎠を作ったよ
ぼくも12個だよ
だったら12個の点を結ぶと5㎠になるのかな
ちがうよ,ぼくのは10個しか結んでいないよ

> だったら面積の方が違うんじゃないかな
> それならみんなで調べてみよう
> やっぱり大丈夫だよ
> だったら結ぶ点の数には関係ないのかな

　さて，実は多くの子どもが12個の点を使っている中，10個の点で作っている子も数人いた。
　そこで12個の図形と10個の図形をここで並べて比べてみることにする。

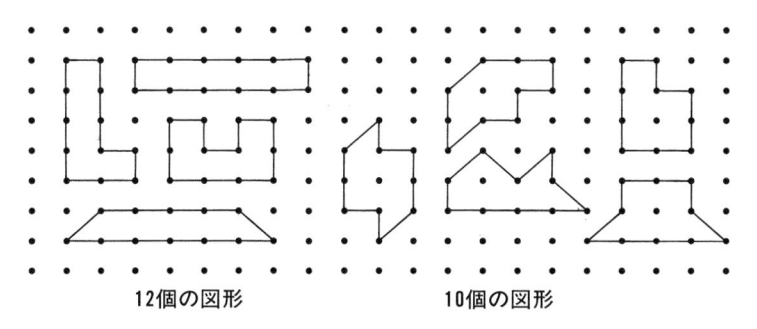

12個の図形　　　**10個の図形**

　するとまたまた「先生，おもしろい」「10個の形にはへそがある」といいだして面白くなる。
　10個の点にはへそがあるというような言葉は，大人にはすぐには何のことだかわかるまい。
　でも，子どもたち同士にはすぐに通じる言葉なのである。
　つまり，10個の点の図形のときには，いつも図形の中に1つ点があるのだ。確かに12個のときにはない。
　そんな中で「先生，私のは周りの点が8個で……」と不安な顔の女の子が登場。
　そして「確かめたけど確かに5㎠あるんだ。でも私は8個しか点を結んでいないよ」という。そこで今度は，これを黒板に貼ってみんなに見てもらう。

2　「だったら」が聞こえる瞬間を演出する

ここから子どもたちが爆発的に元気になった。

「先生，すごい。面白いこと気がついたよ」

「うん，私も気がついた。まだ確かめていないけどね」

「うん，きっとへそが……」

といいかけたときに，ここでストップをかける。

ここまでの子どもたちの言葉をよく聞いてみると実に素晴らしい。

> まだ確かめていないけどね
> きっと……

これらの言葉は，子どもたちが一つの事象からものごとを類推していく活動に他ならない。

つまり，いつも子どもたちが「だったら」という接続詞を使っているという意味ではなく，このように先を考えて動こうとする言葉を敏感に取り上げ，価値づけていくことが大切だということがいいたいのである。

だが，ここまでのリズムのいい展開にはついていけない子どもも，クラスの中にはいる。

そこで，まだぼんやりしている子に「この子はどんなことを続けていうと思う？」と問いかけてみた。

これは一度リズムを止め，みんなを同じラインに立たせるという意味でも大切にしたい手法である。そして，これを意識することが，多くの子どもたちに発見の瞬間の喜びを共有させる授業づくりを実現することにつながっていく。

このときは，まだ気がついていない子同士で相談させる時間を設けた。

発見した子はそれをノートに書き込む時間とする。
　自分が見つけたことが確かかどうか他の例で確かめる時間にしてもいい。
　まだ見つからない子には，立ち歩いて友達と相談する時間となる。このとき座ってノートに書いている子には話しかけてはいけないと，とりあえずしておく。
　先にも述べたが，子どもたちに自分で発見したという想いを味わわせてやりたいからである。発見は共有してこそ意味がある。
　早く見つけた子の発表を聞くだけではなく，少しでも自力で発見する子を増やしておきたいと思うときに活用する方法である。
　三人寄れば文殊の知恵と昔からいうが，立ち歩いて相談していた子が数人黒板のところにきて，図形の内部を指さしてなにやらいいだした。
　ここを他の子どもたちにも着目させた。
　「おー，ここの子たちは何か見つけたぞ」と。
　黒板の前の子どもたちの指の動きが，みんなに伝わる。
　そして次の瞬間，「そうか中の点が増えるんだ」と気がつく子の声が教室に広がっていくのがわかる。このような子どもたちの小さな操作，身振り手振りだって大切な表現なのである。

　そして，実はこの次の瞬間こそが，教師がアンテナの感度を最大限に高めておくべき瞬間なのである。
　子どもたちの動きをじっと見つめておく。耳をそばだてておく。
　そうである。その大切

2　「だったら」が聞こえる瞬間を演出する　51

な瞬間とは,まさしく「だったら……」と動き出す子の発見に努めるためである。

　できれば今,立ち歩いて相談していた子たちの中から聞こえないかと期待する。

　こうして「先生,それならきっと周りが6個でへそが3個のときがあるはずだ」という小さな声の登場となる。

　ここまでの,子どもたちの発見したことを整理してみる。

　見つけた図形のそれぞれの点は次のようになっていた。

周囲の点	内部の点
12個	0個
10個	1個
8個	2個
6個	3個

きっと6こで3こというのがあるはずだ……

　この変化を見てただ,「内側の点が増えるんだね」と考える子もいるだろうけど,当然,次は3個のときがあるはずだという予測をする子も必ずいる。そのときの周囲の点は6個になるはずだとも……。

　そして,ここからは周りの点と中の点の数を手がかりにして形を作り,それが本当に5㎠になっているかを子どもたちが確かめていく活動が展開される。

　子どもたちが,一つの問題を解決していく過程で新しい問いをもち,それを確かめるために,新たな問題解決の活動を始めるようになるのである。

（やっぱり5cm²になってる!!）
周りが6こで中が3こ

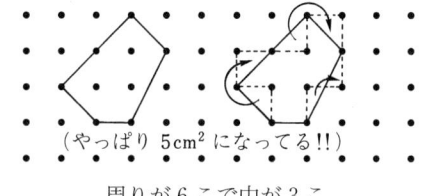

　そしてこの活動自体が,最初の問題解決で身につけさせたい内容面の定着にも役立っていく。繰り返しの練習は,このような子どもたちの期待の伴う発見活動の中で行われると,知

的で素晴らしい。

このときは，周囲が6個で中が3個という図形の発見，引き続いて周囲が4個で中が4個なんてのもできるのだろうかという問いが生まれて，個々の追究活動が展開されていった。

3 新たな視点を見いだして動き始める子ども

実は，活動の先を見通して動く子どもが，いつも同様の視点で動いているわけではない。

「だったら」という言葉は「だったらこんなこともできるかな」と先を見通すときにも使われるけれど，「だったらこれをこんな見方をしてもよさそうだ」と今まで見ていた物の視点を変えるときにも使われる。

同じ「だったら」が聞こえる授業だが，少し方向性の異なるものも次に紹介してみよう。

5年生で整数について考える授業をしたときのこと。
黒板に3，4，5，6，7，8，9，10，11，12の10枚の数字カードを貼る。
教師は黙ってこれを2つの仲間に分けて見せる。

　3，5，7　　　4，6，8

というようにである。

こんなわかりやすいきまりならば，子どもたちもすぐに声をあげて反応する。

「交互になっているな」「われる数とそうでない数だな」というような声がそうである。

まずは「交互になっている」というような声をとらえて、その子に続きをやらせてみる。

すると｛3，5，7，9，11｝と｛4，6，8，10，12｝の仲間分けができた。

見ている子も「うんうん」とうなずいている。

ところが、「われる数とそうでない数」という意見には首をかしげている子も数人いる。

彼は3，5，7，11は確かにわれないけれど、9は3でわれるではないかといいだした。

多くの子はわれるという言葉を聞いて、勝手に半分にできる数、つまり2でわれる数だと思い込んでいた。「われる数」という言葉は曖昧だ。

そこで「われる数」というのは、この場合「2でわり切れる数」と訂正した方がいいという意見がだされる。

ところが、このとき、ある子が「いろいろな数でわれるもの」でもいいんじゃないかなといいだして面白くなる。

確かに4，6，8，10，12のような数はいろいろな数でわることはできそうだ。いや、何となくそういうイメージなのだろう。

調べてみる。

4→1，2，4
6→1，2，3，6
8→1，2，4，8

10→1，2，5，10
12→1，2，3，4，6，12

なるほど，いろいろな数でわることができる。でもよく見ると4は3つしかないではないか。

9も調べてみると1，3，9でわれるから4と同等である。

すると{3，5，7，11}と{4，6，8，9，10，12}とするのでもいいということになる。

最初，9と4は別の仲間としか見えなかった子たちが意外そうな顔をしている。

子どもたちが，「だったら●●でもいいんじゃないかな」というように動くのは，一つの事象を別の視点で見つめなおそうと動き始めているときである。

これは，最初に紹介した面積の事例のときとは少し動き方が異なる。

もう一度整理すると，

> ●今の活動の先を見通して動き始めた子どもが使う「だったら」
> ●今までやってきた活動を振り返って，別の見方ができるかもと動き始める「だったら」

というように分けることができる。

このように整数を観る観点を変えて仲間分けする実践を，私はいろいろな方法でこれまでも試してきた。このように抽象的な数字カードを仲間分けするという方法とは別に，異なった視点からの活動をさせることで意識させることもできる。

次に紹介する「積み木を使って直方体を作ろう」という実践は，この後者の例である。数を図形として見ることで見え方が変わるのではないかと考え

て行った。

　まず袋の中にたくさんの積み木を入れて，子どもたち一人ずつに配る。実はこのときは一人ずつに異なる数の積み木を渡していた。

　「今から，この中に入っている積み木を全部使って直方体を作ってもらいます」と告げる。

　すると「えー，残しちゃいけないの？」という反応。

　「先生，この袋の中には何個入っているの」という質問がつづく。

　「数が気になるの？」と切り返すと「だって奇数だとできないもの」という声。

　先ほどの事例のときと同様で，どうも子どもたちは奇数というのは不便な数だと感じているらしい。

　そこで渡した積み木が全員偶数になるように修正した。

　　5⇒6　　9⇒10　　15⇒16　　21⇒20　　というようにである。

　さて，それではいよいよ実際に作ってみようということになる。

　作り始めて子どもたちは，実は意外なことに気がつく。

　簡単に直方体なんてできると思っていたが，自分たちが思ったようにできないときがあるということにである。

　それが「えー，二段にできないじゃん」というような声になる。

　よく考えると，10のような数は，$2 \times 5 \times 1$のような平面的な直方体にしかできないのである。

　これじゃあ，奇数のときと同じじゃないかという。

　確かに15でも$3 \times 5 \times 1$というような平面的な直方体にすることはできる。

　偶数にも奇数と変わらない性質の数があることに気がついた。

　偶数の中で奇数のようにぺっちゃんこの直方体にしかならないときがある

といったけど，他にもあるのかなあとここでもちかける。

　子どもたちの中に「だったら」の振り返りが生まれたときに，このように「他にもあるかなあ」という問いかけは有効になる。

　調べてみる。

　いきなり大きい数は無理だから，20までの数で見てみようか。

　まず4がある。これは2×2にしかならない。（×1は省略する）

　　6⇒2×3　　10⇒2×5　　14⇒2×7

　この3つがそうだ。

　子どもたちは「いつも2が入っている」という。

　でも「18だって2×9となるけれど，こちらはぺっちゃんこの方に入っていないよ」と反論する。話し合いの末どうやら，2でわったときに素数になるときだというのが見えてきた。

　もちろん，子どもたちは素数という言葉はまだ知らない。

　「2でわったときに，もう分けることのできない数になるときがそうだ」というような言葉で表現する。

　このような授業では，子どもたちがある集合のもつきまりを見いだそうとして，「だったら」と何度も確かめを繰り返している姿に意味がある。

　それまでは15と14が同じ仲間には見えなかったけれど，積み木で直方体を作ろうとすると同じに見えてくるのである。ここが面白い。

　ちなみに，子どもたちがもう分けることのできない数というのが素数である。

　2，3，5，7，11，13，17，19，……というような数は直方体にしようとすると，もう分けることができないから，どうしても直線におくことで極端な形の直方体にするしかできないことがわかる。

　素数が「1とその数自身でしかわり切れない数」という表現ではなく，直方体を作ろうとすると直線に並べるしかできない数というように，イメージに置き換えられて表現されるところがこの事例の活動のよさである。

こうして作業を続けていくと，平面にしかできない数は，実は素数同士の積でできていること，8と27は全く異なる仲間にも見えるけれど，立方体にすることができるという点で同じに見えること，などが話題になってくる。

もちろん，これらの数を平面で長方形や正方形を作ろうともちかけるのでも，新たな数の世界が見えるようになる。このときは4と9が正方形になる数で同じ仲間に見えるようになる。低学年でも楽しめる活動になるだろう。

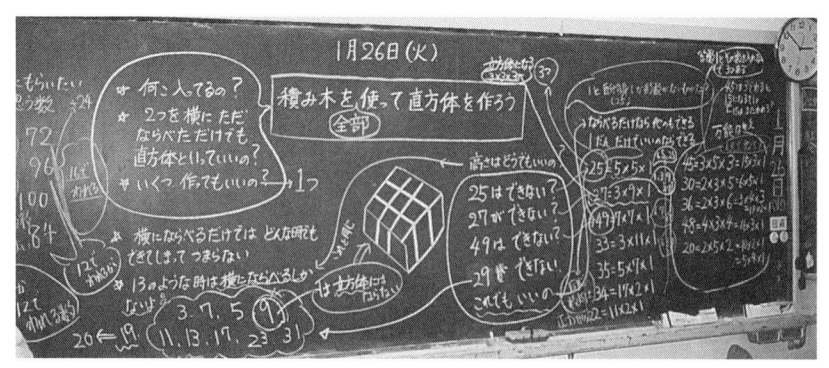

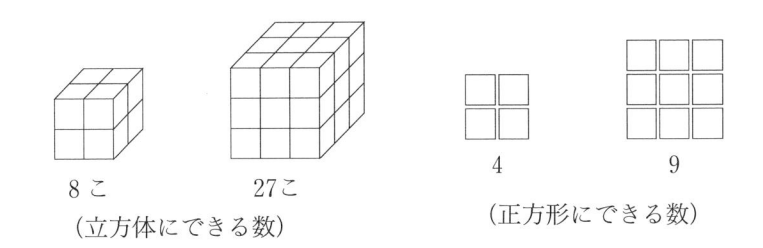

```
   8こ        27こ              4         9
(立方体にできる数)          (正方形にできる数)
```

このように視点を変えてそれまでの事象を見つめなおそうとする活動のときにも，常に作用しているのが，子どもたちの「だったら」という見つめ方であるということを意識しておきたいものである。

4 失敗を生かす授業で過程を共有する授業をつくる
― 「もしも……」が役立つとき ―

　子どもたちの豊かな表現力を語るとき，我々はどうしても多様なアイディアやより数学的な方法などに着目しがちだが，子どもたちのもっと身近な表現の中にある素直な見方，考え方を大切にしてやりたいと私は思っている。
　特に問題解決の際の子どもたちの小さなつまずきは，もっと互いに情報交換をして共有していくことを考えよう。
　解決の過程で，どのような失敗をしたのかという情報交換を子どもたち同士がもっと気軽に行えるようになると授業も楽しくなる。
　最初は失敗したことが，次の解決に生かされるような場面を，もっと強烈に印象づけられる場面があるといい。すると，失敗を記録しておくことの価値が，子どもたちにダイレクトに伝わる。
　そこである日，次のような授業を行った。
　3年の子どもたちである。九九の復習の場面としての授業である。
　問題は九九を5回唱えることで0から9までの数字カードをすべて使って

みようという問題である。

これだけでは，何のことかわかるまい。

子どもたちの中にもきょとんとしたのがいるから，ここは代表の子どもを指名して教師と一緒にやってみることにする。

まず，好きな九九をいってもらう。5×6＝30として3と0のカードを取り去る。続いて先生がいう。3×8＝24といって2と4を取る。

さて，残りは1，5，6，7，8，9である。このあたりまでくると多くの子どもが問題の意味を把握して一緒に考えている。

そこでやりたそうな顔をしている子にあてる。

今度は7×8＝56といって5と6を取った。

いよいよ，残りはあと4枚。1，7，8，9である。

ところが，今度はみんなの顔が困惑している。指で何やら空中に書きながら何度も首をひねっている子もいる。

「あー，おしい。これじゃだめだ」という声もする。

子どもたちが頭の中でたくさん試行錯誤をしているのがわかる。

そこで，その中の一人を指名する。「もう無理だと思う」とつぶやいた。すると他の子からいや，まだできるよと指摘を受ける。するとその子は「まだできるけど，その後がもう無理だ」という。3年生の子どもがちゃんと先まで考え出した。

ここで，どういうことなのか話をさせてみる。

すると「もしも，2×9＝18としたらね，残るのは7と9でしょ。これだとね，79としても97としても九九にないでしょ。だからもう無理なの」と懸命に説明する。

ここには整理するための「もしも」が，次のように3回も登場している。

もしも18を使うとしたら……
　　もしも79と考えたら……
　　もしも97と考えたら……
　これを教師はゆっくりと復唱しながら価値づけ，板書してやることが大切である。
　新しい学習指導要領では，6年生の学習の内容から「場合の数」の単元がなくなった。しかし，本来，こういう場面で子どもたちがいろいろな数の組み合わせを考えるということは，自然に存在する考え方である。
　だからもともと「場合の数」においては，特設単元で取り扱うのではなく，いろいろな問題解決の場面で意識させていくのがよいと私は主張していた。
　だからなくなったとしても，何の問題もない。
　いろいろな単元の問題を見つめなおしてみると，事象を何かに着目することで順序よく調べたり書き上げたりする活動は，実は低学年からたくさん存在している。

　さて，こうしてこの回は9と7が残ってしまってだめだということがわかった。
　では，続いて2回目に入る。今度はグループで挑戦させてみる。
　すると，なかなかうまくできなくて，子どもたちの中に「あー，残念。もう少しだったのに。6と7があまっちゃった」とか「9と2があまったよ」などの声が聞こえるようになる。そんな中で「また，9があまったよ。もうこの数字きらい」なんてことをつぶやいている子がいる。
　それを聞いて「じゃあ，先に9を使えばいいじゃない」という声がする。
　すると「だって9はないんだもん」という声。
　ここはこの二人のやりとりを全員に紹介する。
　「ねえ，みんな，ここでまた9があまっちゃったよ，この数字きらいって

4　失敗を生かす授業で過程を共有する授業をつくる

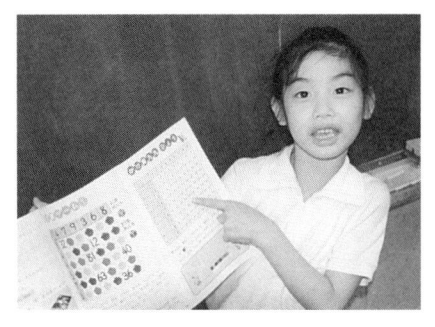

いってるけど，みんなはどう？」

多くの子がここは同調してくれる。そして「9がつくのはないんじゃないかな」という声が他の子からも聞こえた。

そこでこれを共通の課題にする。

「本当に9はないのかなあ」

子どもたちが頭の中で必死に九九を繰り返しているのがわかる。

すばやい子が教科書をあけて，九九表を探している。

そして「あった！」と叫ぶ。実は一つだけある。

$7 \times 7 = 49$のときである。

これがわかると$3 \times 8 = 24$というように，違うところで4を使ってしまうともうだめだということも見えてきた。

なるほど，それで先生は最初に$3 \times 8 = 24$といったのか，先生のいじわるという声もする。

かけられる数\かける数	1	2	3	4	5	6	7	8	9
1のだん	1	2	3	4	5	6	7	8	9
2のだん	2	4	6	8	10	12	14	16	18
3のだん	3	6	9	12	15	18	21	24	27
4のだん	4	8	12	16	20	24	28	32	36
5のだん	5	10	15	20	25	30	35	40	45
6のだん	6	12	18	24	30	36	42	48	54
7のだん	7	14	21	28	35	42	49	56	63
8のだん	8	16	24	32	40	48	56	64	72
9のだん	9	18	27	36	45	54	63	72	81

子どもたちが，よーし，それなら最初は49から始めればいいんだとにっこり笑って再び取り組みだす。

取り組み始めて，同様のことが他の数字にもいえることに気がついた。7の場合である。

実は7が登場してくる九九も意外と少ない。

27と72のときだけなのである。

つまり7は必ず2とのペアで用いることが解決の条件になる。

ここで再び，先生が24を最初にいったことの真意が見えてきた。

〔72〕 〔2〕〔4〕 〔49〕

ますます，先生はいじわるという声が大きくなった。

この授業で大切にしたいのは，自分が行った試行錯誤の結果の失敗を生かすということである。

失敗をきちんと記録しておくと，次のステップに進むのにとても役立つのだということを，こうした場面で伝えていくのである。

もちろん，子どもたちが「前回の失敗をこのように生かして……」というようにきちんと語ってくれるわけではない。授業の中では「また，9があまっちゃった」というような自然なつぶやきとして存在するだけである。

子どもの言葉一つ一つのもつ意味を大切に扱う授業を創っていくには，それぞれの言葉の背景にある子どもたちの考え方を的確に読み取っていく力が教師に望まれるのである。

ちなみに，この問題では，この後の数字も一意に決まっていく。

少し解説しておこう。

ここまでで，4，9，2，7が使われた。残っているのは0，1，3，5，6，8の6個である。

子どもたちが次に目をつけるのは何だろう。九九にあまり登場しないと思う数字は3と0だという意見が多かった。

でも調べてみると，3の方はそうでもない。確かに一の位にはあまり使われていないけれど，十の位にはたくさん登場するからだ。

0の方は確かに少ない。

考えられるのは10，20，30，40の4つだけである。

このうち，20と40はすでに2と4が使われているので無理である。

では，まず10として使ってみようか。

4 失敗を生かす授業で過程を共有する授業をつくる

すると，残りのカードは3，5，6，8の4つになる。ところが8と組み合わせる数が見つからない。九九は81までだから十の位に8が使われることは他にはない。そこで今度は一の位に8が使われる場合について整理してみる。一の位で8が登場するのは18，28，48の3つ。

これで先が見えた。2と4はすでに使っているので，28も48もつくれないからである。必然的に8は1とのペアで使うことになった。81と18の場合がある。

すると，0との組み合わせができるもので残っているのは30だけとなった。

残りは5と6になる。56も九九にある数だからこれで解決である。

答えは次のようになることがわかる。

　　49　　（7×7）
　　27　　3×9　　もしくは　72　8×9
　　18　　2×9　　もしくは　81（9×9）
　　30　　5×6
　　56　　7×8

このように，必然的に決まっていく過程を論理的に説明していくということを目的とすると，高学年の問題解決の題材にすることもできる。

子どもたちの身につけた「語り始めの言葉」が，どのように使われていくかを評価する問題としても面白いかもしれない。

5　子どもが「もしかしたら……」と動くとき

もしもという言葉は，とても便利な言葉である。

子どもたちが意図的に使い始めたら，こんなに役に立つ言葉はない。

先の授業のように，もしもと考えていくと便利だよと教えることも必要だし，子どもたちが必然的に「もしも」と考え出す場をつくることも必要である。
　小数のかけ算とわり算の単元の橋渡しの場面で，私は次のような授業をした。
　「1mが40円のリボンがあります。このリボン2.5mはいくらでしょう」という問題で前時に授業をした。
　40×2.5で立式し，結果もたとえ小数のかけ算を習っていなくても，何とか求められることがわかった。0.5mが20円であることは感覚的にもつかめるからだ。奈菜は「0.5だと楽なんだよね」とつぶやく。
　一般に×小数になると意味概念が拡張して考えにくいというが，かけ算のときはそうでもない。たとえ連続量でなくとも，子どもたちはイメージができている。ところがわり算になると途端に困るのである。
　そこであるとき，今度は逆にしてたずねてみた。
　練習をするよと告げて文章題を3つ黒板に書いた。

a）3mが270円のリボンがあります。このリボン1mの代金はいくらでしょう。

b）2mで300円のリボンがあります。このリボン1mの代金はいくらでしょう。

c）0.5mで40円のリボンがあります。このリボン1mの代金はいくらでしょう。

すると子どもたちは，
　　aは270÷3
　　bは300÷2

5　子どもが「もしかしたら……」と動くとき

として答えを出したが，cになるとほとんどの子が，
　　　cは40×2
として答えを出していた。
これが，子どもたちのわかり方なのである。
素直だと思った。数字が0.5だからイメージもよくわく。
この式を見ていて直也が，それじゃだめだと反応してきた。
私は，待ってましたとばかり直也を指名した。
おそらく，一つだけかけ算じゃ変だと思うと，彼がいってくれるのだと思ったからである。
そして，形式不易の考え方で，この場面をわり算の式にすることを学ばせようと思っていたからだ。
ところが，そうじゃなかった。
直也は1mではどうですかというのだから，まず3mと1mを比べる式がいると思うという。だから3÷1をつくって，これを式に入れるのだというのである。
瞬間，がっくりときた。
でも，ここは確かにそのとおりなので，直也につきあって式を修正する。
270÷（3÷1）となる。
するとbもそうだなということになって，300÷（2÷1）というしつこい式ができた。
では40×2という式の2は何だろう。
これは1÷0.5である。するとこの式は40×（1÷0.5）という式になる。
これを見ていてある子が突然叫んだ。
「そうかあ，やっとわかった。だからわり算になるんだ！」
この言葉の意味が，咄嗟にわかる人がどれだけいるだろうか。
私も，実はよくわからなかった。
たずねてみると，彼は正直にこういった。

「実はね,先生,こういうときって,40÷0.5とするのだと塾で習ったんだけど,どうしても意味がよくわからなかったんだ。それで意味を考えるとぼくも40×2の方が説明できるからいいなと思ってそっちを書いたんだけど……。でも40×(1÷0.5)となると聞いてやっとわかったよ」というのである。

つまり彼はこれを40×(1÷0.5)＝40×1÷0.5として考えて,先に40×1をしてしまって,式を40÷0.5と変化させたのだというのである。これでつながりが見えたと実に嬉しそうに語る。

ところが,この話を聞いていた数人が首をかしげている。

そしてノートに何やら書き始めた。そしてぽつりという。

「えー,いいのかなあ」と……。

子どもたちのノートを見ると,整数の他の式を書いて検算している子が,他にも何人かいた。

4×(8÷2)＝16　　4×8÷2＝16
8÷(4×2)＝1　　8÷4×2＝4　　　？？？
8÷(4÷2)＝4　　8÷4÷2＝1　　　？？？

というようにである。

子どもたちは次のように不安そうにいう。

「確か4年の計算の順序を学ぶときに,かけ算やわり算の計算は左からやるのだと学習したよね。それに( )があるときは( )の中を先に計算しないといけなかったはずだよ。でも式によって,( )の中を先にやらないで順番を変えていいときと,変えちゃいけないときがあるみたいだな。

それがどういうときなのかを整理してからじゃないと……」

確かに,40×(1÷0.5)の式は40÷0.5と同じだということはこれでわかった。

でも,このつなげ方は本当に正しいのかなあと感じる子どもの感性もいいなあと思うのである。

5　子どもが「もしかしたら……」と動くとき

このような計算の吟味をしているときに，またまた他のことを吟味している子がいた。鈴木一星である。

　なんと彼は $40\div(0.5\div1)$ の吟味をしていた。

　そして「うん，やっぱり大丈夫！」と得意げにいう。

　彼は $40\div(3\div1)$，$40\div(2\div1)$ とやるんだったら，0.5mのときは $40\div(0.5\div1)$ となるはずだというのだ。

　この段階で，やっと形式不易で式を立てる子が登場したのである。

　そして計算してみると，これは $40\div0.5$ と同じだから，よさそうだというのである。

　このように計算式の順序を話題にして，みんなでその確かめを始めたときに，やっと子どもたちは形式不易が使えないかと考え出したのである。

　ここまでは，これでよかったのだから，この先もこれで表せないかなと動くことは実は期待していいことである。

　しかし，いつも意味を考えないでただ形式だけを先走って当てはめるので

はなく，本当にそれでいいのかなと不安を感じながら動く姿がないとだめだと私は思う。

　この姿が，一般化できるかどうかを自分で見つけ出そうとする姿に他ならない。「もしかしたら……」という不安な感じ方が「やっぱりこれでよさそうだ」と変化していく過程を，子どもたちと楽しんでいきたいものである。

　さて，先の話の続きだが，この後，子どもたちは0.5÷1というのは一体何を考えていることになるのだろうかということが話題になって，行き詰まった。

　実はここで，この数字が0.5の1に対する割合を求めていることになるということが話題になるには，5年生の小数のわり算の学習は時期が悪すぎる。子どもたちはまだ割合の学習をしていないからである。やはり1よりも小さい数でわる計算をきちんと理解させるには，割合の学習の後がいい。

　先のように，形式不易で子どもたちは式の拡張をしていくことができるだろうという考えが，今のカリキュラムの根底には強くあるが，何度も授業をしてきて思うけれど，すぐに形式不易で乗り越えることのできる子どもはそんなにいなかった。これは第2章の最初で紹介した分数のわり算の事例でも述べたように，子どもにとっては大きなハードルとなっている。

　もちろん意味を考えようとしない子は，簡単に乗り切っていくだろうけど……。

6　「もしも」を使って子どもを鍛える

　最後に，もう一つだけ事例を紹介して「語り始めの言葉」が創る授業の方向性，可能性についてまとめることにする。

　子どもたちが，まだどのようにして解いたらよいのかわからないと感じているときに，いつも使える手立ては，「もしも●●と考えていいのなら解け

るのになあ」という働きかけ方があげられる。

　実は、これはこれまでの事例の中でも共通して見られた考え方でもある。子どもたちが自分で問題の条件を変えてみたり、場面を変えて考えることで手がかりを考えようとする行為は、いろいろな問題解決の場面で生きる力になるだろう。

　さらに、もしもと仮定して考えることは、教師が子どもたちを鍛えるために意図的に場面を設定する方法としても、使える方法なのである。

　今までの事例とは異なり、ここは教師が使う「もしも」の世界である。

　例えば、子どもたちがすでにこれから学習する内容を塾などで知っていて、共通の土台で話し合いがさせにくいなあと感じたときなどに使える方法である。

　例えば、5年生の子どもに「もしも4年生だったら、どのように考えるかな」とか「もしも筆算を知らなかったら、どのようにして計算するかい？」というようにもちかけていくことは、子どもたちの素直な思考力を鍛えるのに有効なのである。

　5年生の内容に、四角形の内角の和を考えさせる単元がある。

　新学習指導要領でも、この内容は残っているが、実は三角形の内角の和は、すでに多くの子が180度であることを知っていて、面白くないなあと感じているところである。どこかで聞いていて知っている子たちは、すべての三角形について確かめたわけでもないのに、それを固く信じている。

　四角形の内角の和も三角形に分割すればいいことを、多くの子どもがやはり知っていた。

　あるとき、四角形の4つの角の和を考える授業をしたら、多くの子どもが三角形に分ければいいと答えて、にこにこしている。

　そこで、子どもたちに、「三角形に分ければいいという意見を聞いて、ある人がこんなふうに分けました」といって、一枚の画用紙を出してみた。まだ裏返してである。そして予想をさせた。

多くの子どもが，次のように予想した。

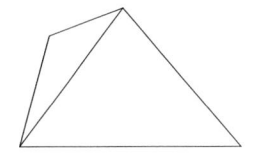

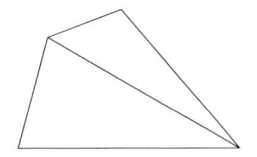

このどちらかだろうというのである。
これを聞いていじわるな私は答える。実は，そうじゃないんだよと。
これで子どもの顔色が変わった。
そして，「あっ，わかった」といって，こんなふうに図をかいてくれた。

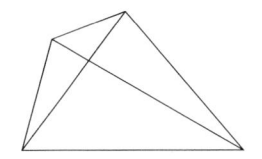

面白いことに，最初の2つではないと子どもたちに伝えた瞬間に，実はこのような図だろうと予測した子は，かなりたくさんいた。
聞けば，三角形に分割すると聞いて実は，自分は最初このように分けてしまって違うといわれたのだと思い出話までしてくれた。
そこで，真剣な顔をして子どもたちにたずねる。
「え，このように分けたんじゃ，本当にだめなの？」と。
すると，得意げに「そりゃあ，だめだよ。だってそれじゃあ，180×4になって720度になっちゃう」という。
こういうときは切り返し方が大切である。
私はこのように伝えた。
「だって，四角形の内角の和は720度って答えが出れば，それでいいじゃないか」と。
「そんなあ，四角形の内角の和は360度でしょ。わかってないなあ，先生は」という冷たい反応。

「でも，この問題を解いている人は，まだ四角形の内角の和のことは知らないんだよ。初めてやったときにこうなったら720度と答えてもいいでしょ」

すると，それじゃあ，無駄なところまで角度に入っているからだめだよという声が出て，ようやく，考え方の方に話題が向いた。

どこが無駄なのかなあとたずねると，多くの子どもたちが真ん中を指す。ここが一回転の角で360度になることはよくわかっている。

この時点でやっと気がついた子がいた。

「そうかあ，無駄な部分をひけば使えないことはないんだね」と。

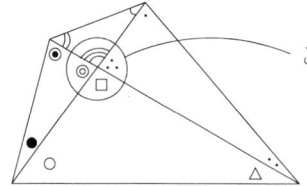

この部分が必要ないところ
$180 \times 4 - 360 = 360$

つまり，三角形4つ分から無駄な部分360度をひけばいいのである。

ということは，この四角形を分割する方法はいろいろあっていいことがわかる。次のような思いっきり無駄のある分割方法でも，後から無駄な部分をひけばいい。

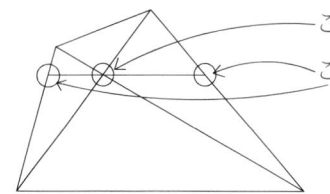

この部分は360度
ここは180度
これらの必要のないところをあとでひく
$180 \times 6 - (360 + 180 + 180) = 360$

子どもたちは2つに分けることしか浮かばなかったのに，こんなことをしてもいいのかと面白がる。
　しかし，よく見ると，どれも結局は三角形2つ分になっていることに後から気づく。あのポピュラーな分け方は，やはり一番シンプルな分け方だったということに。
　さて，次の時間。
　私は，更なるいじわるをした。
「さて，今日の問題は，四角形の内角の和は何度でしょうという問題です」
　この先生，どうしちゃったんだろう，そんなの昨日，やったじゃないかとぽかんとした顔。
　そこでつけ加える。
「三角形に分ける方法を使わないで説明できないかなあ」と。
　子どもたちが，えっという顔。そしてみんな困惑した顔に変わった。
　手がかりが浮かばないときは，いい手がある。
「こんな形ならばわかるのになあ」というものをあげていくのである。
　子どもたちにも告げる。
　すると，「正方形ならばすぐわかるよ」とか「長方形でもいいよ。全部90度だからね」という意見。

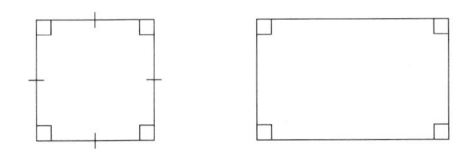

　そのとおりだ。さて，では他の場合はだめだろうか。
　子どもたちに既習の図形をいくつか見せる。
　次のような四角形である。

台形2つ

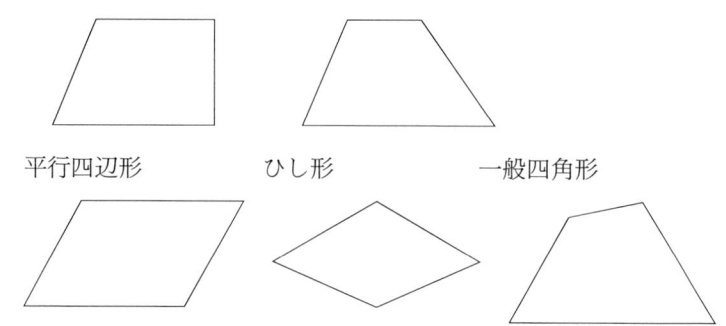

平行四辺形　　　ひし形　　　　一般四角形

「この中だと，どれが考えやすいかな」ともちかけると，多くの子が直角のある台形を選んだ。

これだと，もうここはあわせて180度だとわかるでしょ。後は残りの2つの角度だけだからというのが共通した意見。

ところが，これをじっと見ていた仁奈が，「なんだ，簡単じゃない」とつぶやいて盛り上がる。

そこで，仁奈に気がついたことを発言してもらうことにしたのだけれど，すべて語ってしまうのもつまらないので，次のように指示をする。

「ねえ，仁奈ちゃん，みんなにも仁奈が気がついたことを自分で発見させてあげたいのだけれど，何かひとこと，アドバイスしてあげられないかな」と。

的確なヒントを出すというのも，実はその子どものセンスなのである。

仁奈は慎重に考えた後で，「あわせるとぴったり」といってくれた。

素晴らしいセンスである。私は「平行」というキーワードをいわれると面白くないなあと思いながら聞いていたのだけれど，実に子どもらしいヒントの言い方だった。

これで，多くの子どもたちが気がついた。

気がついた子には，次々と自分の見つけたことをキーワードで伝えていく

ことにさせた。

「移すと一直線」「ずらすとおんなじ」「2つでぴったり」など，私が驚くぐらい，子どもたちのセンスのいいヒントが続く。

こうして多くの子が仁奈の発見を共有できた。

すると，淳司が「それならもう一つの台形もおんなじだ」とつぶやいた。

これで他の四角形にも目がうつる。

彩恵やひとみが「台形だけじゃない。平行四辺形もひし形も……。ともかく平行な辺をもっているのは全部大丈夫だ」といいだして，みんながはっとする。

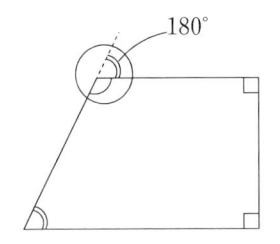

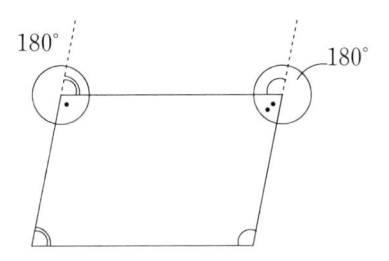

確かに，そうだ。そもそも平行四辺形や台形のような四角形の内角の和を求めようとしたときに，どうして三角形に分割しようと思ったのだろう。こちらの説明の方がよほど簡単ではないか。

子どもたちは口々に感想を述べる。

「でも，平行な辺がないときがやっぱりだめだから，あの三角形に分ける方法がいいんだね」と理解の速い子がフォローしてくれる。

なるほど，これで終われば，やはり三角形に分ける方法がいいねということになって終わってしまう。

そうはいくものか。とこのとき，思う。

そして，一般四角形を黒板に貼る。

「この四角形は本当に三角形に分けないとだめだろうか」ともう一度，みんなに問う。

すぐ横には，台形で似たような形の四角形を貼っておく。

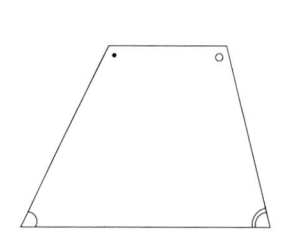

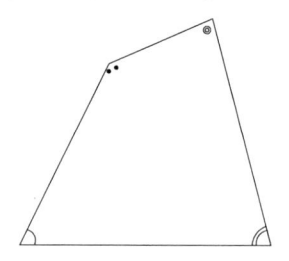

そして「左の台形と比べて変わったところはどこだろうね」と子どもたちにもちかけた。

よく見ると底辺の両端の角は変わっていない。変わったのは上の2つだ。

増えた　←減った

増えたのと減ったのが
同じだから…

左上の角は確かに増えている。では，右上の角はどうか。何となく減っているような気がする。ということは，この増えた分と減った分が同じだということがわかればいいのだ。

何かいい方法はないかな。

じっと見ていた愛が，「わかった。やっぱり平行でとけるじゃない！」と叫んだ。

つまり，次のように考えると，やっぱり平行の中にできる角度の性質で，説明できるのである。

減った
＝
増えた

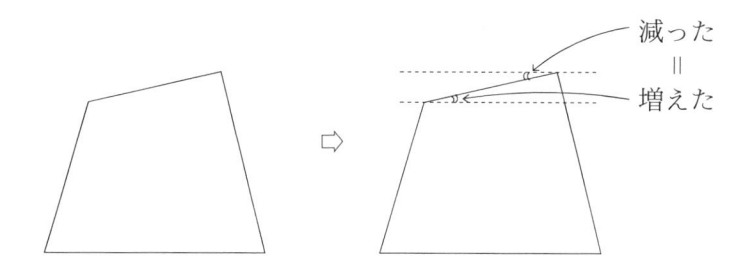

　この後、愛の言葉の意味をみんなでゆっくりと理解していく時間が繰り広げられていく。気がついた子どもたちが、得意げに語る。
　ともかく、三角形なんかに分割しなくても、四角形の内角の和が360度であることは説明ができた。
　決めつけて見ていた子どもたちが感動する時間となった。
　この時間の価値は、解決の方法が一つではないことを、ある条件をつけて考えてみたことで発見することができたことと、よくわからないときは「これならわかるんだけどね」とわかるものからわからないものへと、次第に変化させていくことで近づいていくことができるということがわかったことである。
　ちなみに、武藤かれんは次のような方法で四角形の角の和について、日記の中で説明してくれた。この後、それぞれの子どもたちが独自の発想で動き出し、個性あふれる説明の仕方がたくさん報告されたのである。

6　「もしも」を使って子どもを鍛える

6月14日(木)

今日の研究授業で、三角形に分けないで、四角形の内角の和が360度になるということを説明できないかという問題が出された。平行四辺形を例としてとりあげられた。みんなの意見はAの平行四辺形をBのところで切って、右側にくる。すると、Aの角が○になる。Bの角度が180度(×と△)だから、180度。○と□は同じ角度なので、180+180=360。2つ目はBの平行四辺形を4つに切る。Aの角が1、2の線は平行。4、5も平行なので○になる。Bは3と5平行、1、2も平行なので×となる。Cも同じ。4つに切ると、4つの小さな平行四辺形ができる。平行四辺形は向いあった角が等しいのでA=○、B=×、C=⊗、D=□となる。すると真ん中に4つ全種の角が集まるので、平行四辺形は360度。3つ目は長方形にするというのだ。例えばAの角はどこへ行ったの?と聞くとBのところへ行ったんだという。長方形にして、90度を4つ作り、90×4=360にしたいのかもしれないけど、私はこれはむりやりだと思います。家で考えてみた例として、○で考えてみます。2は平行、3、4も平行、同位角なのでAの角は○。するとBの角も○となります。対頂角なので、A=10、B=20、1×=7×、2×=×。○で360度なのだから、平行四辺形の内角の和も360度というふうに考

えました。どうしてこうゆうことを思いついたかというと、前にやた三角形の内角の和を調べるとき一かしょに集めて考えたからです。

教育研究長のいていた問題で、線で分けることでにして三角形の内角の和が360度とできるような問題がやり方ではないのをみつけた(平行四辺形が四角形になった問題があったので挑戦してみました。結果…図1。いろいろな四角形をつくる。と考えて、1、2は平行角同意するので①はC。①は同じC。3、4も平行なので①は同意角で○=C。○が360度なのだから、図

(図1)

1の四角形の内角の和も360度となる。
考えるのにすごくたいへんでなかなかわかりませんでした。でも考えているうちにおもしろくなってきた。角度を探すって楽しいな。算数的表現というか自分の考えを図や文字を使って説明するのはたいへんでした。でも、少しはやり方がわかったかな。2日間かかってしまいました。
(1問、考える、2問書く)

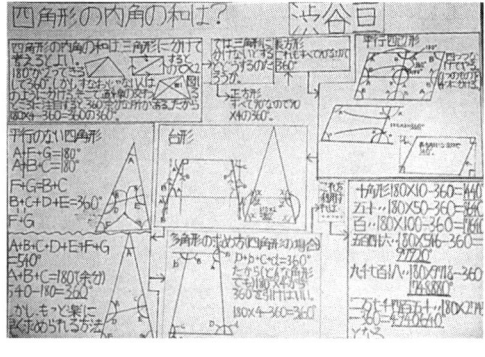

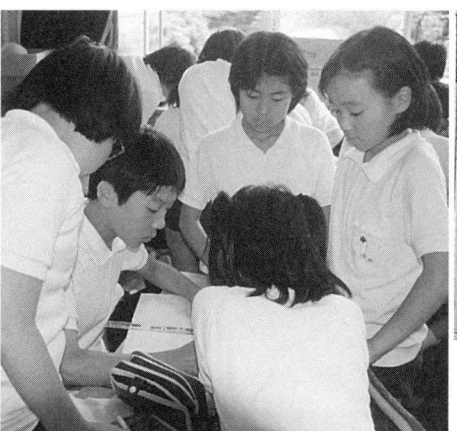

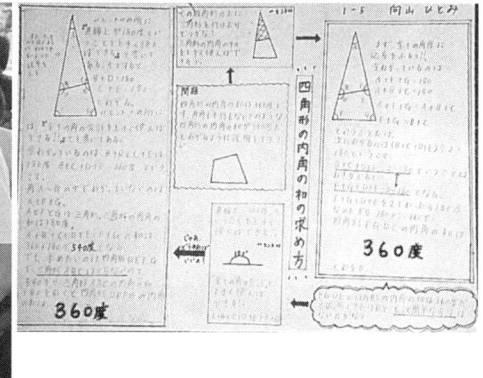

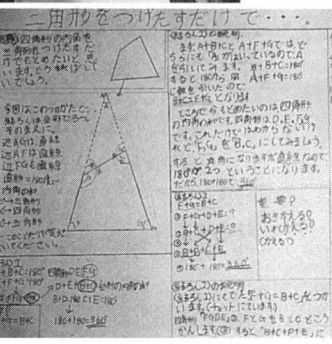

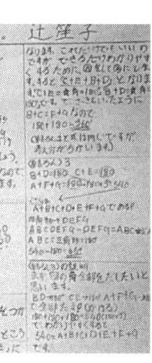

6 「もしも」を使って子どもを鍛える

2.「書く場面で」子どもたちの中に育った表現力を見取る

表現力育成とその評価を考える

授業の中で，子どもたちに「自ら働きかけ，自ら動く力をつけよう」と働きかけていくと，次第に子どもたちは自分で追究の世界を楽しむようになる。

1 追究ノート「かけ算の不思議」で授業する

次の文章は，2年生の子どもが2月に書いたノートである。
まだ3年生にもならない子どもが，こんなことを考えているなんて……。
我が教え子に負けたなと感じた瞬間でもあった。

　　　　　かけ算の不思議　　　　佐藤摩耶

$9 \times 1 = 9$
$9 \times 2 = 18$
$9 \times 3 = 27$
$9 \times 4 = 36$
$9 \times 5 = 45$
$9 \times 6 = 54$
$9 \times 7 = 63$
$9 \times 8 = 72$
$9 \times 9 = 81$

　ある日，友達に「知ってる？　かけ算の9のだんの答えは一の位は9から1ずつへっていって，十の位は1つずつふえていっているのよ」といわれました。いわれてみたら，本当にそうなっていました。
　どうしてそうなっているんだろう。
　ほかのだんもしらべてみよう。

摩耶はこう書いた後で，次のページに8の段の九九を書いてみた。そして面白いことに気がついた。

一の位は8から2ずつへっていってゼロになったらまた8にもどってまた同じことをくりかえしている。

8×1＝　8	7×1＝　7
8×2＝16	7×2＝14
8×3＝24	7×3＝21
8×4＝32	7×4＝28
8×5＝40	7×5＝35
8×6＝48	7×6＝42
8×7＝56	7×7＝49
8×8＝64	7×8＝56
8×9＝72	7×9＝63

十の位は4だけ2回くりかえすけど，1つずつ増えている。でももし8×11をやったとすると答えは88になって4のときと同じように2回くりかえしている。

うーーむ。

つぎに7のだんを見てみる。

これはちょっとむずかしいけれど，一の位が3ずつへっているみたいだ。7×3＝21と7×4＝28のところは，ふえているようにも見えるけど，21を11として11－8をすると3で，やっぱりここもへっていることになる。

7×6＝42と7×7＝49のところも同じだ。うーん，そうか。

ここでちょっと整理してみよう。

ちょっと気になることがある。

9のだんは一の位が1ずつへっている。

8のだんは一の位が2ずつへっている。

7のだんは一の位が3ずつへっている。

……ということは，6のだんは4ずつへっているのかなあ。

（右の図が書かれている）
　　やっぱり6のだんの一の位は4ずつへっていた。
　　　9のだん　1ずつへる
　　　8のだん　2ずつへる
　　　7のだん　3ずつへる
　　　6のだん　4ずつへる
　　これってどこかで見たことがあったなあ。
　　　9と1　8と2　7と3　6と4……
　　わかった。あわせると10になる数だ。
　　かけ算はいつも□のだんは□を一つずつたしていくものだということは知っていたけれど，たして10になる数を一の位から取っていっても答えは出せるんだな。
　　じゃあ，5のだんは5と5で10だから5ずつへるのかな。きっとそうだぞ！
　　これ見つけたのはわたしだけかな。

$6 \times 1 = 6$
$6 \times 2 = 12$
$6 \times 3 = 18$
$6 \times 4 = 24$
$6 \times 5 = 30$
$6 \times 6 = 36$
$6 \times 7 = 42$
$6 \times 8 = 48$
$6 \times 9 = 54$

　どうだろう。このこだわりはただ者ではない。
　このノートの素晴らしさは，この子どもが見つけた内容自体の面白さではなく，子どもが次から次へと，追究していく課題を発展させていく姿自体にある。そして，この姿こそが，本当の学び方を身につけた子どもの姿だと考えるのである。
　この子どものノートの素晴らしさを評価するために，ある日私は，このノートを使って授業をすることにした。
　まず摩耶のノートの一枚目だけを拡大コピーして黒板に貼って紹介した。
　「……いわれてみたら，本当にそうなっていました」のところまでで区切って提示し，みんなで声を出して読んだ。
　そして，たずねる。

「この続きで摩耶ちゃんは,どんなことを書いていると思いますか」
 子どもたちは,友達の発見のすごさに感心している言葉が書かれて終わっているという。
 ところが,英里子は,次のようにいうのである。
「きっと,摩耶ちゃんは他の段もそうなっているかどうかを調べたんだと思うよ」と。
 しかし,この声にはすぐに反論がでる。
 T男の「そうはいかないよ,例えば8の段なんかは,八一8,八二16と2ずつ減っているから,1ずつ減るのは9の段だけだよ」という声がそれである。
 調べてみようという言葉だけでも,解釈がこのようにいろいろであることがわかる。
 英里子は他の段への発展を考えているけれど,反論したT男は,1ずつ減っていくというきまりの適用について調べるのだと思っている。
 T男の方はこれで終わってしまう動きだが,英里子の方は新しい動きが生まれる可能性がある。
「他の場合も調べてみよう」という動きは,先に述べた「だったら」の世界に通じるものだが,「だったら」と動き出す子の方向性も細かく見つめてやると,このような異なりをもつ。
 この後,摩耶のノートの続きを提示する。
 ノートには,やはりこのようなことが書かれていた。

> どうしてそうなっているんだろう。ほかのだんもしらべてみよう。

 ここでもう一度みんなに,まずこの姿が素晴らしいのだと大いにほめる。
 そしてT男のように考えることもあるし,英里子のように考えていくこともできるということをつけ加える。
 私が子どもたちの学び方で一番大切にしたいのは,こういう次なる動きを創りだす力だと考える。

ここからはクラスのみんなで他の段についても調べてみることになる。
　調べてみると，8の段は一の位が2ずつ減っていることを発見する。
　9の段とは違うが，確かに同じ数ずつ減っていることがわかる。
　面白い。
　では，7の段はどうかと調べだす。
　よく見ると7，14，21，28，……となっているため，最初の3つだけは3ずつ減っていると認めるが，4つ目からはだめだという。
　21，28のところである。
　ここまできたところで，再び摩耶のことを紹介する。
　でもね，ここも摩耶ちゃんはね，やっぱり3ずつ減っているとみることができるというんだけど……。
　すると，子どもたちはそれは変だと口々にいう。
　そこで，つけ加えて次のように強調してみせた。
　摩耶ちゃんは「○○のようにして考えると3減っていると考えることもできる」というんだ。ここでは「考えることもできる」というところを，とくに強調する。
　何人かが「あっ，わかった」と叫ぶ。でも，多くの子はきょとんとしている。
　そこで，摩耶のノートのこの部分を少しずつ見せる。
　「7×3＝21と7×4＝28のところは，ふえているようにも見えるけど，21を◆◆◆◆と考えると◆◆◆◆◆」
　◆のところに何が書かれているかを予想するのである。
　先ほど，「わかった」といった子たちが「やっぱり」といって安心した顔になった。「やっぱりそうだ，ぼくと同じだよ」という声もする。
　見ていた子の中に新たに気づいた子が何人かいたので，今度はその子たちを指名して発表させる。
　「一の位が1でしょ。これを11と考えるの。すると11－8になって3ずつ

小さいのが続くと思う」
　たどたどしいけれど，子どもらしい表現が続く。
　さて，麻耶ちゃんはどんなことを考えていたのだろう。摩耶の日記を続けて見せる。

> 　7×3＝21と7×4＝28のところは，ふえているようにも見えるけど，21を11として11－8をすると3で，やっぱりここもへっていることになる。

　これを読んで「へー」とため息がもれた。同時に「私とおんなじだあ」と喜ぶ声も響いた。
　なるほど，そのように考えていけば，確かに成立するのである。
　だったら，6の段はどうだろうかと，当然他の子どもたちも動き出す。
　この後は同じことの繰り返しがきっと始まるだろうと予測できる。6の段は，5の段は，4の段はというように，調べる活動が続きそうだ。
　ところが，麻耶の動きはここでも違った。次の部分である。

> 　うーん，そうか。ここでちょっと整理してみよう。ちょっと気になることがある。

　そうなのだ。すぐに6の段を調べたわけではなく，ここでこれまでのことを整理してみたというのである。
　そして，「……ということは，6のだんは4ずつへっているのかなあ」と予測している。
　麻耶のノートを見ていた子どもたちに，この部分のよさを強調してやる。
　いくつかの事象を同じ調子で調べていくのではなく，振り返ってみることで，そこに共通するきまりはないかなと考えてみることは，課題を変化させるのによい方法だからである。
　そして，見つけたそのきまりから次の部分を予測した後に，調べている。

1　追究ノート「かけ算の不思議」で授業する

それまでの活動と比較すると一歩進歩している。
そして，これがさらに次のページの整理につながっていくのである。

> 9のだん　1ずつへる
> 8のだん　2ずつへる
> 7のだん　3ずつへる
> 6のだん　4ずつへる
> これってどこかで見たことがあったなあ。

「これってどこかで見たことがあったなあ」という最後の言葉もいい。
ところで，このノートの最後だが，ここまで見事な発見をした摩耶なのに実は次のように締めくくって終わっていたのである。

> ところが，4のだん，3のだん，2のだん，1のだんはこのやくそくでは作れなかった。かけざんっていろいろふしぎなことがかくされているんだな。これ見つけたのはわたしだけかな。

この最後の部分のノートを提示した途端，クラスの他の子どもたちは早速4の段をノートに書き始めた。
そして同様に多くの子が首をひねっている。
摩耶のいうように，最初が突然4から8に増えているため，だめだと感じたのである。ところが，何人かの子が「いや，いけるんじゃない……」とつぶやいた。
「だって，麻耶ちゃんがいったように考えれば……」とつぶやきかけたところで，ストップをかける。勘のいい子がうれしそうな顔をしている。
実は，これも摩耶の次の部分の考え方でうまくいくのである。

4×1＝	4
4×2＝	8
4×3＝	12
4×4＝	16
4×5＝	20
4×6＝	24
4×7＝	28
4×8＝	32
4×9＝	36

> 　7×3＝21と7×4＝28のところは，ふえているようにも見えるけど，21を11として11－8をすると3で，やっぱりここもへっていることになる。

　再び，この発想に着目させるため，わざとこの部分のノートの拡大コピーを，もう一度子どもたちの前に提示する。
　これを見たとたん，あっそうかと多くの子の手があがる。摩耶もなんだそうかあとため息をつく。同じ発想で考えていけばいいとやっと気がついた。
　こうして最後はみんなで，摩耶の未完成な発見に見事に一貫したきまりを発見して，つけ加え完成することができた。期せずして拍手がおこる。
　よく指導と評価の一体化を考えることが大切だといわれる。
　私もそのとおりだと思う。だが，評価というと「振り返りカード」などを渡して形式的にチェックすることだと考えている方も多く，授業の中の評価についてはあまり意識されていないことが多い。
　摩耶のノートを使ったこの授業展開例は，形成的評価を極端に意識した授業例だといえると私は思っている。
　だが，よく考えてみると，ここまで極端ではないにしろ，授業の中の子どもの発見やつまずきを生かして行う展開は，この授業で仕組んだ教師の構えと共通するところが多い。
　一つは，先に発見した子の追体験をさせるように展開を考えることである。次にその子の発見を上回る子の存在を意識することである。子どもたちが共に教室で学ぶことには，このような期待が随所にできる。
　算数の授業で行う評価とは，このように実は授業の中で連続的に行われる。それは，子どもたちの何気ないつぶやきをクローズアップして，全体の話題にしていくときにも行われているし，ノートの中の一つの発見を小刻みに紹介していくことでも行われている。
　このとき，他の子どもたちに伝えたいのは，内容としての面白さではな

く，子どもたちの次なる課題の見つけ方である。

2 追究・直方体の展開図は何通り？

　同様に自分なりの表現技法を用いて自分の考えた足跡を私に力強く伝えようとしたノートが他にもある。今度は高学年のノートである。
　今度の学習指導要領では6年に配置されている，直方体や立方体の展開図の学習。これまでは4年生にあった。
　6年で一体どのような扱いをしようか，今までの4年と同じでいいのだろうかと思っている方には，一つの新しい展開方法としての提案になるかもしれない。
　課題は単純である。
　直方体の展開図は一体何通りできるのだろうかというものである。
　当時の私は，直方体の展開図をすべてあげるという活動を長い時間かけてさせても，あまり意味がないと思っていたので，試行錯誤でいくつか作らせて，たくさんできそうだねといったところで終え，立方体の学習へと切り換えていくことを考えていた。
　ところがこのとき，子どもたちは引き続いて直方体の展開図の新種探しをしたいといいだしたから面白くなった。
　そこで，教室の後ろに前時までに作った20種類ぐらいの展開図を掲示して，常時活動としてこの課題を残しておくことを考えた。
　掲示板を見ては，この中にはないと思う新種を見つけたら，自分の名前を書いて貼っていくのである。
　だから，この時期の子どもの日記は，ほとんど全員が直方体の展開図探しをテーマにしたものになっていた。
　40種類を越えるころから，少しずつエネルギーが落ちてきて，しつこく探

し続ける子が減ってきた。ここまでは無作為に作っているわけだから，これで全部だという自信がどの子にもないのである。

ところが，立方体の展開図の学習が済んでからは，これを何とか活用しようと再び考え始めた。

麻里子は次のように考えた。

> 今日，立方体の展開図は11種類あることを勉強しました。
> 立方体は6つの面がすべて正方形で同じだけど，直方体は面の種類が3種類だから，11×3で33種類になるんじゃないかな。

この考え方は素晴らしい。私は早速，他の子どもたちに麻里子の視点を紹介した。「へー，それは面白いね。なるほど……」といいかけて志帆が教室の後ろを振り返った。「あれ，でもやっぱり違うよ」と自信もって反論する。

そうだ，この時点でよく見ると，すでに掲示板には40を越える展開図が貼ってある。

いわれてみて麻里子は，掲示板の中には実は同じ形のものがいくつかあるのではないかと疑ってみた。必死で見比べてみたが同じものはない。

やはり33種類よりは多いことがわかった。

でも確かに目のつけ方はいい。これを聞いて直毅が次のように書いた。

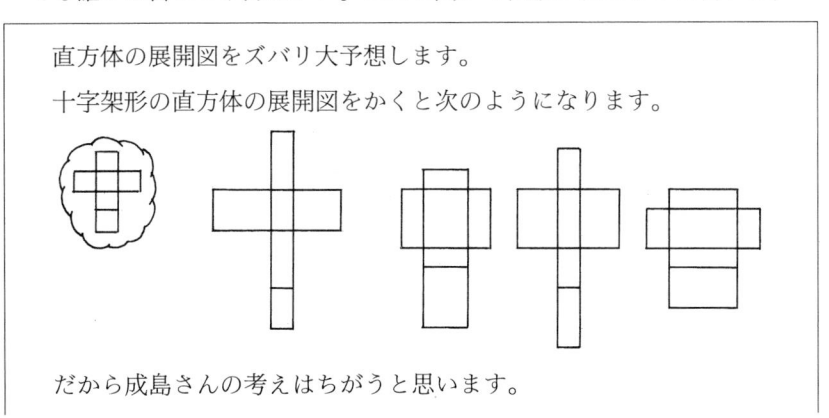

> 直方体の展開図をズバリ大予想します。
> 十字架形の直方体の展開図をかくと次のようになります。
>
> だから成島さんの考えはちがうと思います。

> 　有名な十字架の形の展開図ですらこのようにしてかいてみると4通りあり，階段型になると6通りもあるのです。
> 　面の形が3種類に増えたからといって3倍になると単純に考えてはいけません。
> 　ぼくは11×4より多くて11×6より少ないと考えました。

　子どもたちの中では十字架の展開図が有名なのだそうだ。なるほどいわれれば，そうかもしれない。面白い。

　彼のいいところは，立方体の一つの種類に視点を絞って，その仲間となる直方体の展開図だけを整理しようとしたところである。結果も数を限定しないで範囲をとっているところが面白い。彼はこの後，56種類だという自分なりの結論を出している。

　洋平も，この麻里子理論を手がかりにして，自分の考えをつくっていった一人である。

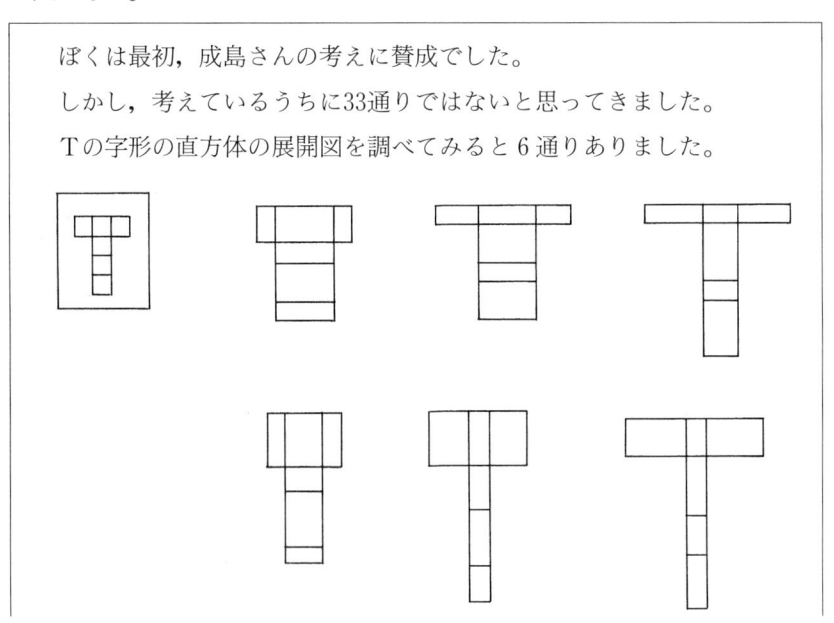

> 　ぼくは最初，成島さんの考えに賛成でした。
> 　しかし，考えているうちに33通りではないと思ってきました。
> 　Tの字形の直方体の展開図を調べてみると6通りありました。

> だから，直方体の展開図は全部で6×11で66種類だと思います。

　ここまでの子どもたちの考えは，立方体の展開図が11種類あることをうまく使って見つけようとしているところは共通している。
　そのために，立方体のそれぞれの展開図と同じ仲間だと思える直方体の展開図が何種類できるかを考えている。その数を見つけるために，そのうちの一つの種類の場合だけを全部調べて，11倍したのである。
　直毅の場合は十字架形を，洋平の場合はTの字形を実際に調べてみたというわけである。（この時点で直毅はまだ見落としているものが実はあったのだが……）
　一つの場合を調べて全体を予測しようとするその考え方は，とても価値ある動きである。これをみんなに紹介するときは，この部分を強調してほめてやることが，ここでの子どもたちの「動き方」を育てることにつながる。
　実は，ある教科書の指導書にはこれと同じ発想の大学の先生の考え方が紹介されていた。私もそれを読んでいたので，ここまで話が進んだときに，子どもたちの活動にそろそろ終点が見えてきたなと思ったのである。
　だが，やはり小学生である。これでは不安だという子が何人もいた。
　武藤恵子である。彼女は実際にすべての場合をかいてみることに挑戦し始めた。
　そして彼女の辿り着いた結論は54通りであった。
　同じ方法で調べたのに結論が違う。
　どうやら，途中で重なりや見落としがあるのではないかという不安に変わる。私もそう思っていた。
　だから，この時期，私と彼女の追究ノートのやりとりには，次のような冷たい返事が数日にわたって書かれている。
　「恵子，惜しいね。もしかしたら，重なりや見落としがあるかもしれないよ。もう一度調べてごらん」

この赤ペンの返事に恵子は必死で考えた。そして翌日もしつこく「やっぱり先生，54通りだよ」と力説してくる。
　どこかで66通りだという知識を身につけた私は，この時点でもまだ子どもの調べミスだと思っていたから，深く相手にしないコメントを繰り返していた。
　今思えば，これが子どもの言葉に真剣につきあうことの大切さを痛切に思い知らされた，最初の事件だったのかもしれない。
　実は，これは今から10年前の話である。
　業を煮やした恵子は，ある日次のようにいう。
　「先生，私の書いた展開図，ちゃんと見てないでしょ」
　いわれてみてドキッとした。
　確かに一つ一つを全部チェックしているわけではなかったからだ。でも心の中で，立方体の展開図が11種類だと学習したのだから，11の倍数に決まっているだろと叫んでいる自分がいた。
　恵子は真剣な目をしてこういう。
　「先生も忙しいからわかるけど，いい？　今日から11日間だけ私のノートを真剣に読んでよ。一日分は短くしておくからね」とまるで女房のような口調。この時点で何かあるなと感じた私。
　恵子の初日の日記である。

> 　もう一度あの直方体の展開図を調べてみます。今度は立方体の11種類の展開図の仲間に分けて一つずつ全部かいていこうと思います。

　こうして初日は立方体のかかし型の展開図の仲間探しをした。
　2日目はT字型に取り組んだ。
　5日目と6日目のノートには次のようなことが書かれている。

> 　よーし，今日もがんばるぞ。ここまですべて6種類でした。

ここまで読んだところで、おそらく恵子は66種類という結論に気がついただろうと私は思った。長い時間をかけて取り組んできたけれど、これでやっとこの話題も決着できるなあと。

すると、恵子は私の心を見透かしたようにいう。

> ここまでを見ると予想は66種類となりそうです。でも先生、それが甘いのです。

この言葉にドキッとした。そして確信した。

恵子は私を上回る何かを発見したんだなと。びっくりした。そしてここからは、彼女の日記がとても楽しみになってきた。

翌日の恵子の日記がこれである。

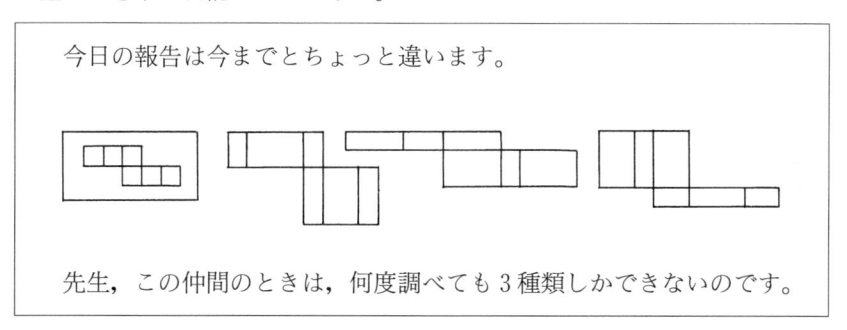

> 今日の報告は今までとちょっと違います。
>
> 先生、この仲間のときは、何度調べても3種類しかできないのです。

いわれてみると確かにそうだ。3種類しかできない。翌日もそのまた翌日も、3種類しかできない場合が報告された。

そうなのである。わかってしまえばなんということはないが、立方体の展開図で点対称な図形になる次の4つの場合は、回転すると同じ形になってしまう場合があるため、種類は3種類に減ってしまう。

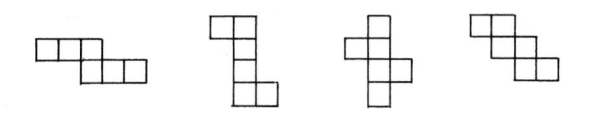

2 　追究・直方体の展開図は何通り？

5年生の彼女は，まだ点対称という観点で図形をみることは知らない。

　しかし，次の日の展開図探しがすんだ後，武藤恵子はついに次のことを発見する。

> 　さて，私はこれを書く前にさかさにするということをやってみました。ついにわかったのです。3種類しかできない立方体の展開図は何とノートをさかさまにして見ると同じ形になっているのです。大発見です。

　こうして長い時間かけて調べ続けた恵子の直方体の展開図探しは決着をみる。

　この時点で実はどのような研究物，報告書にも，直方体の展開図が54種類ということは掲載されていなかった。

　100種類よりも多いとか，66種という間違った報告は見たことがある。

　つまりきちんと場合を整理して，すべてをかき上げたのはおそらく彼女が初めてだったのである。

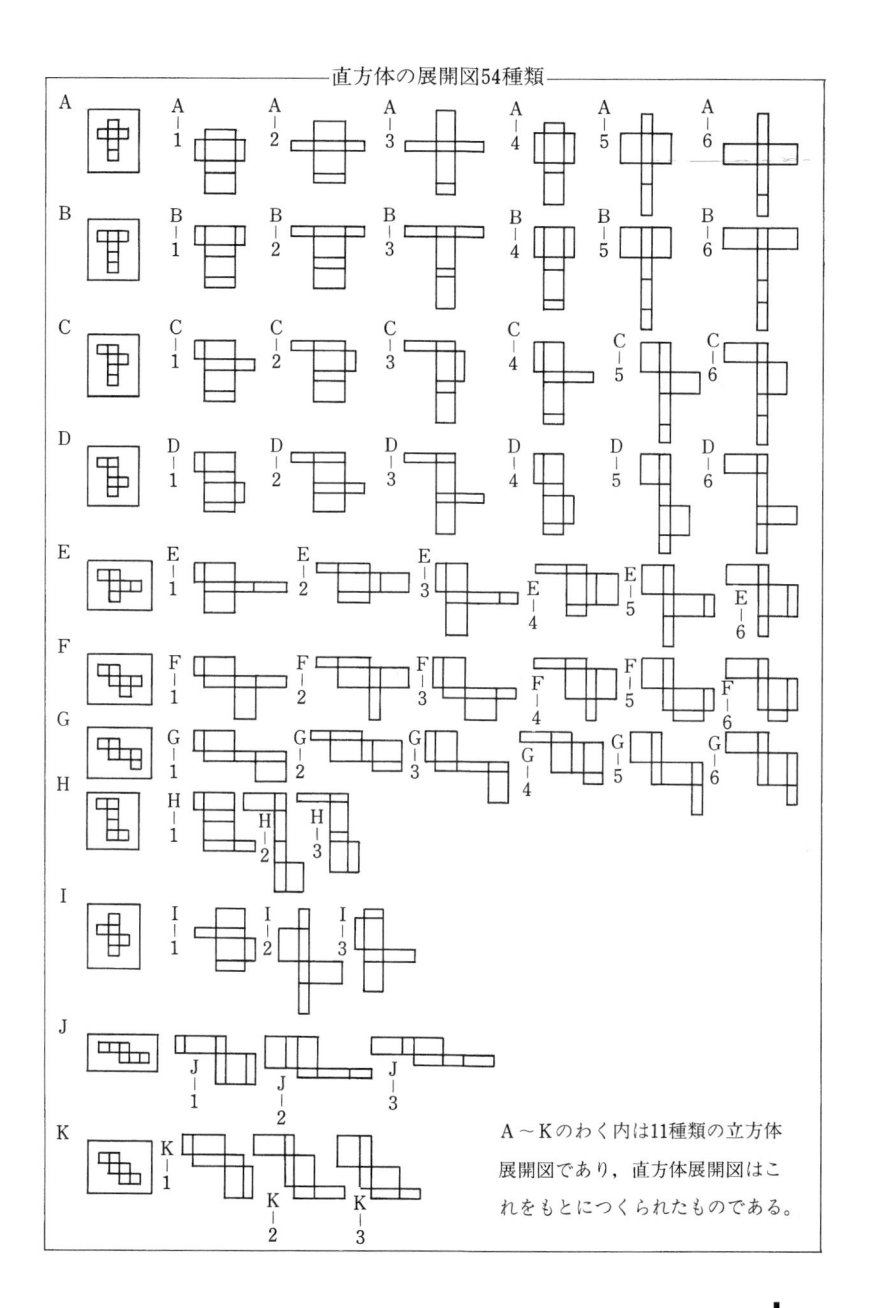

―直方体の展開図54種類―

A～Kのわく内は11種類の立方体展開図であり、直方体展開図はこれをもとにつくられたものである。

2 追究・直方体の展開図は何通り？

すごいことだと思った。
　私がこの報告をある教科書会社に送ったら，翌年指導書の中の数字が変わっていた。
　子どもと大人の大きな違いは，「理論だけで考えず実際にやってみることでしか納得しない」というところである。
　実は，これは先に紹介した小数のわり算の学習の場面と，似ているところがある。形式不易の考えでかけ算の意味の拡張ができると大人は考えるけれど，子どもが乗り切るのは，その意味まで考えた上で実感として納得するときである。
　そして，このように子どもたちがあることにこだわり，友達や先生に何とか自分の思ったことをちゃんと伝えたいと真剣に考えるとき，子どもはもっているいろいろな表現力を駆使する。
　この場合では，立方体の展開図一つ一つに対応させて整理しようとしているところである。恵子の場合はそれを極端にしたもので，一日ずつ私に見せつけようとした。
　さて，この追究を見つめなおしてみると，この子の活動の価値は何だろうか。
　直方体の展開図をすべてかき上げたことだろうか。もちろん，そこにも価値はあるだろうが，大切なのはここに行きつくまでの過程である。
　試行錯誤で探した後，友達と情報交換しながら何とかうまい整理の仕方はないだろうかと考えたところ。また，友達と結論が違って行き詰まったこと。
　そして立方体の展開図のような既習の事柄を生かして，再び整理していこうと考えたこと，その過程での新たなきまりの発見の喜び。
　こうした体験こそが問題解決のもつ真の価値なのである。
　算数教育に求められているのは，こうした体験を数多くさせていくことではないだろうか。知識の習得ではなく，北山氏が述べた，まさしく解決の手段の習得である。

3.「書く力」で表現力を見取るために

1 算数における「書く」イメージを変える

　ここまで述べたように，子どもたちが自分で自分の考えた足跡を振り返り，書き浸ることができるようになると素晴らしいと思う。

　自分の考えた足跡を素直に振り返り書くことができるようになると，子どもたちがどのぐらい自分の思考過程を整理し意識しているかが表に現れてくるようになる。そのとき，これらの語り始めの言葉が，どのぐらい自在に使えるようになっているかを見るという視点で評価をすることもできる。

　ただし，しつこくいうが，それぞれの言葉がそのまま存在しているとは限らない。同じ働きをしている，子どもならではの表現がたくさんある。

　これらの言葉を，その働きを意識して価値づけ，意識づけていくことを，実は教師は授業の中で小刻みに繰り返している。

　同様のことを，子どもたちが「書いたもの」でも見取るというだけである。

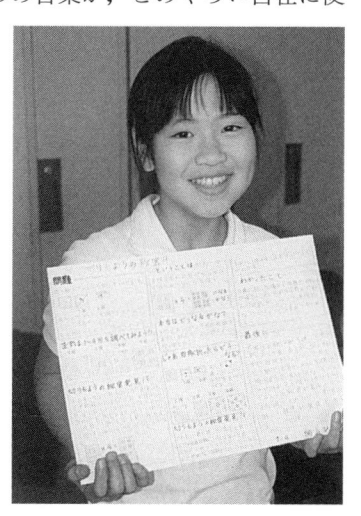

だから私は，先に紹介したような「振り返りのための作品づくり」を，算数の時間の節目節目に行う時間を設けることにしている。
　授業の中で，自分が面白かったと思うこと，自分が悩んだこと，工夫して考えたこと，参考になった友達の考えなどを駆使してノートにまとめていく。作品として意識させるために，時には一枚の画用紙の中にレイアウトを決めてまとめさせるというのも有効である。
　だが，このような活動で子どもたちが生き生きと動けるようにするには，まず算数の時間で「書く」という場面のイメージを変えていかないと，「書くことがない」「書けない」という子がたくさん登場してしまう。
　一般に，算数の時間の「書く」という場面を考えると，

●黒板に書いてあることをきれいに写すこと
●問題を写したり，その答えを書くこと
●式や計算の答えを書くこと

というようなイメージが強いらしい。
　まず，こうしたイメージをとりはらい，気軽に思ったこと，自分の間違いや失敗なども書いてよいのだと思わせることが必要になる。
　そのための第一歩は「自分のために自分が自由に書くことができるのが個人のノートである」という意識をもたせることである。
　授業中に板書すると「先生，それはノートに書くんですか」というような質問をする子も初期の段階にはいる。これも同じである。
　もっと子どもたちに「書く」という主体が自分にあるということを意識させたいものだ。
　だから，例えば問題文を書くということだけでも，次のようにすると書き方が変わってくる。

2 問題文は自分で書く

　何を当たり前のことをいっているのだろうと思われる方がいるだろうけど，実は子どもたちは案外，問題文を自分で理解して書いてはいない。
　ただ，先生が黒板に書いたものを写しているだけである。
　だから，時には次のようないじわるをしてみる。

　チャイムがなる。おもむろに折り紙を取り出して折ってみせる。
　次のように。そして，はさみを取り出して切り，たずねる。

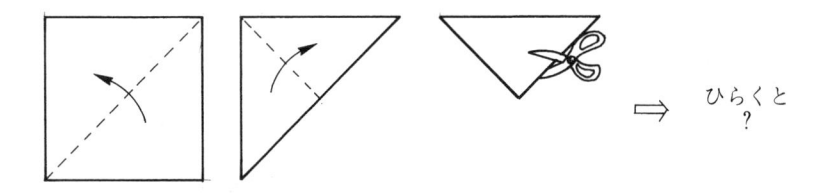

「さて，この折り紙を広げると，どんな形になっているでしょうか」
　子どもたちから「えー!!」という反応。
「先生，どのようにして折ったの。もう一度やってみせてよ」という声もする。
　そこで「いいよ，今日はこれが問題だからね。後で自分の言葉でノートに

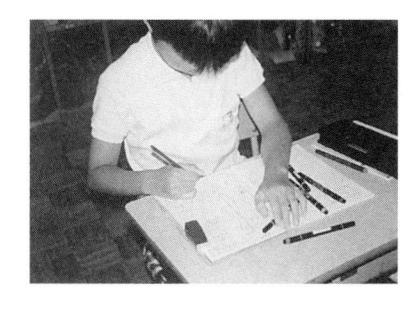

書くんだよ」といってもう一度ゆっくりやってみせる。

　子どもの話の聞き方はこれでぐんと変わる。

　もう一度同じように折り紙を折ってみせると，今度は質問がでた。

　「先生，そこどっちに折っているの？」というような質問である。問題に主体的にかかわる子どもをつくるには，このような場面が必要なのである。

　直接見にきてもよいことを告げ，ノートに絵をかくときはこの折り方がよくわかるようにかくことをすすめる。

　このようにして，問題の意味自体を自分で聞いて解釈して，ノートに書く時間をとる。問題の意味を理解してノートに書く時間をつくると，すでに子どもたちの中には主体的な問題解決の活動が始まっているのがわかる。

　それが，子どもたちのいくつかの質問を生む。

3　不備な問題で子どもの質問をかりたてる

　他の授業の導入の場面も紹介してみようか。

　ある日，5年生の授業で静かに黒板に次のような絵をかいた。

　そしてたずねる。

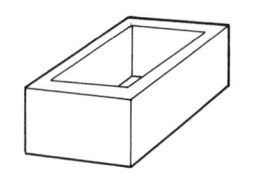

　「この入れ物に水をいっぱい入れました。何ℓ入っているのかなあ」

　教師が勝手につぶやく。さらに告げる。

　「今，先生が話したことが今日の問題です。ノートに問題を書きましょう」

　子どもたちはキョトンとしている。

　その理由は二つである。

　先にも述べたが問題文というのは普通，先生が黒板に書いてくれるものだと思っているからである。繰り返すが，自分で問題文を書くという活動をさ

せるだけで，子どもたちの取り組みがかなり主体的になる。

このときは，子どもたちが「えー」とつぶやいたもう一つの理由は，この問いかけがずいぶん条件が不足しているなあと感じたからである。

だから，子どもたちの不服そうな顔を見つめてつけ加える。

「質問があるのなら，それもノートに書いておいてください」

これで子どもたちの顔が安心の顔に変わる。それならいいやという感じである。

このときの子どもたちは，次のような点を質問項目にあげていた。

ア．縦，横，高さのサイズを教えてください。
イ．1ℓと1㎤の関係はどうなっているの？
ウ．その入れ物には厚さはあるの？

アの質問はほとんどの子どもが書いている。入れ物の体積をだすには，このサイズが必要だということは誰でもわかるということだ。

イの質問を書いていた子は$\frac{2}{3}$であった。表現は異なるがℓで答えをだすにはどうすればいいのかわからないという子がたくさんいる。

面白いのは「ℓって体積と関係あるの」という質問。

体積とかさの連動がうまくいっていないことの証である。

ところがウの質問になると，$\frac{1}{3}$の子が書いているにすぎない。

質問項目の発表は，こうして把握しておいて，多い順に行った。

ウを聞いたとたん，「あっ，そうか」という反応。この瞬間，再び，次のように告げる。

「今の『あっ，そうか』とつぶやいた人の気持ちがわかる人？」

うんうんと，うなづく顔。そこでもう一言。

「では，それをノートに書きなさい」

これで，最初から厚さを考えることが必要だと思っていた子も，最初は気

がつかなかった子も解決の方法についての大切なポイントをノートに書くことができる。

　最初から必要だと思っていた子には,「必要を感じていなかった子」の気持ちになってその発見について書くことが,自分を見つめなおしていくという意味でも有意義である。

　こうして改めて「厚さ」を考えるとはどんなことなのかが,子どものノートに残る。これを見取って授業に位置づけていく。

　問題を最初に見たときの自分の戸惑い,問題をこのように解釈したよと書くこと,その問題に対する質問を書くこと……。

　このようなことが算数の「書く」という舞台にたくさんあがってくるのなら,問題がよくわからないという子どもたちも「書くこと」がたくさん増える。

　いや逆に質問が多い子,悩みが多い子ほど書くことが多くなるではないか。

　解決策がすぐに浮かばない子は,友達の意見に対する自分の考えを書くのでもいい。さらに友達の意見と自分の意見を比較することも,ここに書くことができるのだと教えておく。

　友達の意見などは,授業が終わった後ではすっかり忘れていることも多いから,ノートをメモとして授業中に活用することも大いに奨励する。

　また,実験をいろいろと繰り返して,その試行錯誤の結果をまとめるというのでもいい。

　ともかく,子どもたちが自分の思考過程を残すことを,算数の「書く場面」の大切なことなのだと思ってくれればいい。

　そこには,算数で育てたい表現力がたくさん繰り広げられることになる。

　教師にとっては,自分が育てた子どもたちを評価する価値ある資料になる。

　5年生の面積の授業で,次のような活動をした。そして,その授業の後で全員に学習の振り返り記録を書かせた。期待していたとおり振り返りの記録

の中には，授業の中の試行錯誤の活動がたくさん記された。

では，このときの授業の様子とそのときの子どもたちの「書くこと」が，どのように増えていったかを，授業記録から見てみよう。

4 書きたいことが増える授業
－三角形の面積は長方形の半分？－

三角形の面積はいつも同じ底辺をもつ長方形の半分といっていいのだろうかというのが，このときの課題であった。

子どもたちは，まず三角形の面積を求めるのに，次のような長方形の半分になることから，同じ底辺をもつ長方形の横×高さ÷2という式を考え出す。

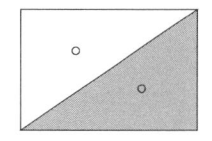

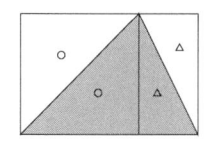

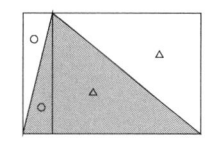

これで，三角形はすべての場合を求めることができると自信ありげである。

三角形の頂点が左の図のように変化していっても，すべてが同じ面積であることが確認される。

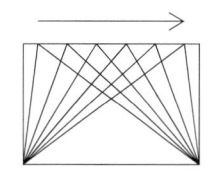

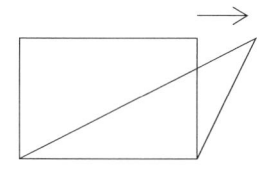

ところが，このような図を強調すると，必ず右の図のように「そのまま横にはみ出していくとどうなるの」という問いに出会う。

高さが同じだから面積は同じだと思うという声もする。しかし，三角形の

面積の公式はまだ学習していない。特殊な場合だけで公式をすぐに使っていくのは早いことを伝える。さっきまでの三角形はみんな図で説明して納得したのだ。今度も図で説明できないかなともちかける。

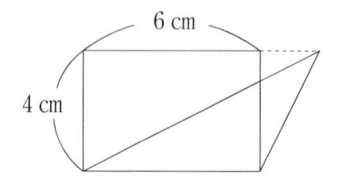

さて，子どもたちが困った。

ここで，子どもたちが試みたことはいろいろとある。

まず長方形からはみ出た形を切り取って中にうつし，うまく全体の半分になることがわからないかなという実験である。

しかし，複雑な形になってうまくいきそうもない。

ある子は，こういう場合だとうまくいくんだけどねといって，下のような図を黒板にフリーハンドでかいた。

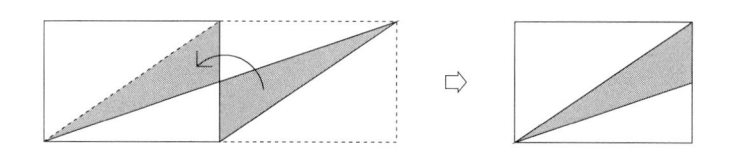

なるほど，これはわかりやすい。ちょうど長方形の横の長さと同じだけはみ出した形ならば，変身させると図の部分がぴったりと収まって，もとの長方形の半分だということが簡単に説明できる。

ところが，この図を見て本当に網伏せの部分は同じ形なのと子どもたちがつぶやいた。

見た目で何となく同じに見えるけれど，不安だという子もいる。子どもたちの中にはノートにこの図を正確にかいて，はみ出た部分を薄い用紙に写し

とり切り取って，当てはめてみてやっと安心する子もいる。
　ノートにかいた図をひっくりかえしてみて，ほら大丈夫だよと得意げな子もいる。
　この場面でこれが同じかどうかを確認する作業だけでも，子どもたちがノートに書きたいことは山のように増えた。
　新学習指導要領では，合同の学習はないけれど「同じ形なのかどうか」を子どもが調べる活動はもっと積極的に行っていきたいと思っている。
　これは場合の数と同じで，小学校の段階ではそもそも単元を特設して扱うものではなく，このような試行錯誤の活動の中で，子どもたちが体験的に積み重ねていく感覚として大切にしていくべきである。すぐに合同条件などを使うのではなく，自分がもっているたくさんの情報を整理していくことで，納得のいく世界を子どもたちがもつことができるようにしていくことが，今は望まれる。
　授業ではこの後，このはみ出た部分を切って移動する方法が，特別な場合にしか使えないことに気がついて，子どもたちが行き詰まった。
　だが，そういえば三角形を合体して長方形などを作るときには，同じ長さの辺をもっている三角形同士で行ったのを舟木は思い出した。
　彼女は再び黒板に出てきて「今度はこうすれば大丈夫」とにこにこしてフリーハンドで書きながらいう。

4　書きたいことが増える授業　105

たぶんこうなる？

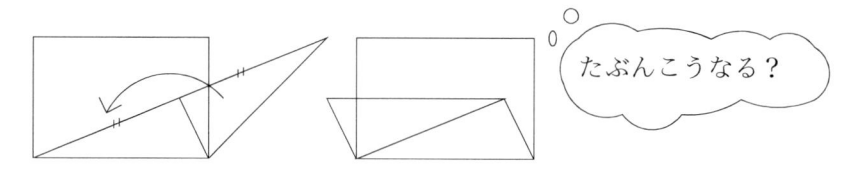

　そうである。はみ出した部分だけにするからだめなのだ。
　この三角形を斜辺の中点のところで切って，移動すればいいといいだしたのである。
　すると，次のような高さ半分の長方形になるのではないかというのだ。

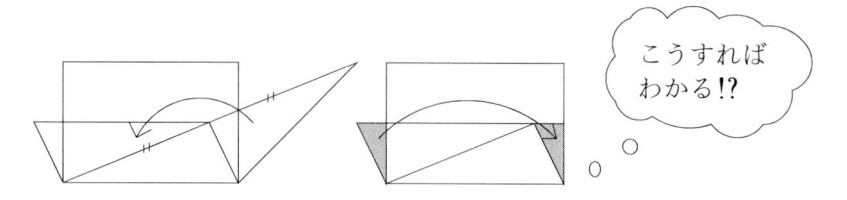

こうすればわかる!?

　子どもたちのやりとりは続く。
　このような予想の段階のやりとりも，子どもたちのノートにはメモで残される。この後，みんなで実験に入った。
　ここで舟木は唖然とした。思ったようにはならないのだ。
　ところが，別のびっくりに彼女は出会う。
　「ねえ，先生，きてきて，面白いよ。偶然かもしれないけれど，こんなところにぴったり入っちゃった。すごいすごい」

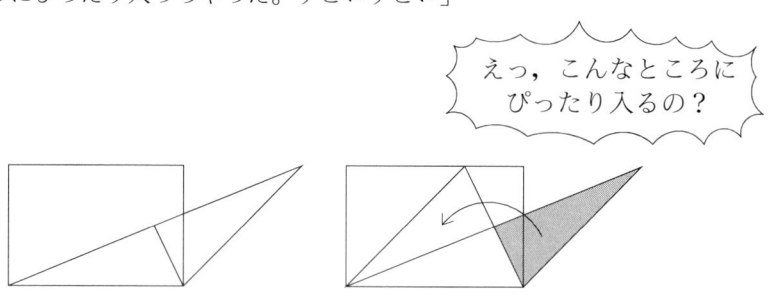

えっ，こんなところにぴったり入るの？

と興奮している。

　確かに，彼女が思うような長方形も平行四辺形もできなかったけれど，なんとこの時間より以前に考えていた長方形の中の三角形と同じところに，ぴったりと入ったのである。

　これは偶然か……。

　そこで舟木に自分の見つけたことを説明するための小道具を作らせて，実際に黒板でやってみせることにした。

　子どもたちの目が黒板にすいつく。

　ぴったりと入る瞬間がある。確かにそうだ。

　おーーーーという低い声が木魂する。子どもたちがすごいすごいという。

　「でもやっぱり先生，それは偶然だよ。そんなにいつもぴったりとなるはずがない」と多くの子どもが反応する。

　そこで舟木と同じ実験を全員にさせてみた。ただし，はみ出し方は自分で決めていいと念をおして……。

　しばらく教室は実験タイムになる。

　「先生，すごいすごい。やっぱりちゃんと入るよ」という声。大喜びである。ところが数人「先生，ぼくのはどうしてもうまく入らない」という声もする。作ってみたら，また長方形をはみ出してしまったというのである。

〈ちゃんと入ったという子どもたち〉

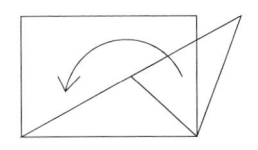

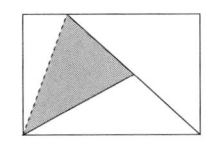

〈ちゃんと入らなかったよという子どもたち〉

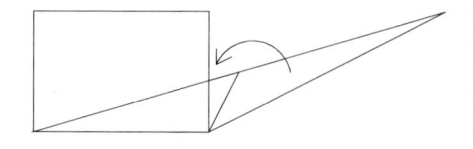

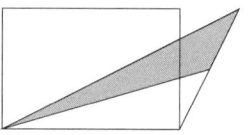

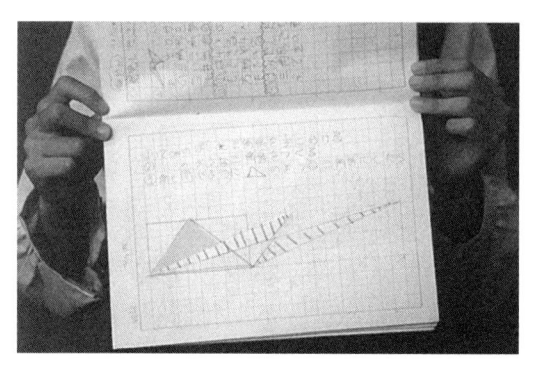

　そうである。はみ出し方が長方形の横の長さよりも長くなると、実は組みなおしても、三角形の頂点が長方形からはみ出してしまう。

　でも、これを見た子どもたちはすぐに「なんだ、それもう一回やればいいじゃない」といってこの後はあっさり一件落着。

　こうしてこの三角形も長方形の半分の三角形にいつも変身させることができるということを、子どもたちは納得の伴うわかり方で乗り越えていった。

　これはよく考えれば次のように説明されるものである。

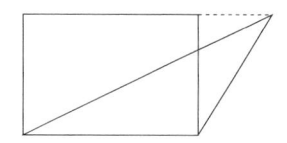

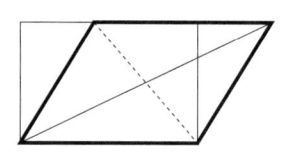

　一般にはこのような平行四辺形の半分であることを説明の方法に用いる。でも子どもたちが最初に考えるのは、やはりこのはみ出した部分を何とかしたいという想いである。だから、この事例のように子どもたちが向かっていくことの方が、自然である。しかも感動も大きい。

　このような感動の伴う試行錯誤を体験した子どもたちには「書きたいこ

と」がたくさんたまっていた。次の写真は今年卒業した子どもたちが同様の課題に取り組んだときに，一枚の画用紙にまとめたものである。

　この画用紙を書いた綾乃は，実は舟木のような発想とは異なる方法を発見している。

　綾乃はみんなが必死で考えた「もとの長方形の半分といえるか」という課題を逆にして考えているのである。

　つまり，提示した三角形の2倍の長方形を考えるという方向でまとめている。ここも面白い。

　そしてまとめながら，さらに面白い方法を発見している。友達の沙代子とまど香のアイディアも借りて，他の子たちとはまったく異なる方法で解決している。

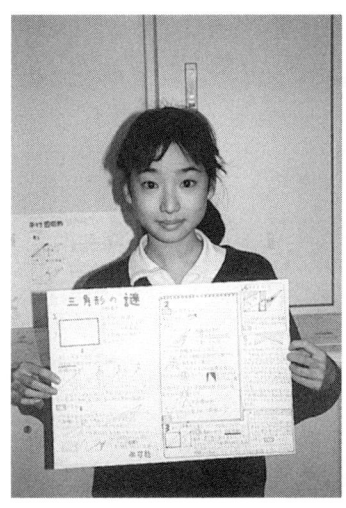

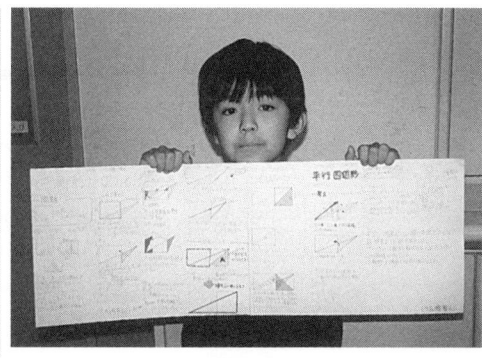

4　書きたいことが増える授業

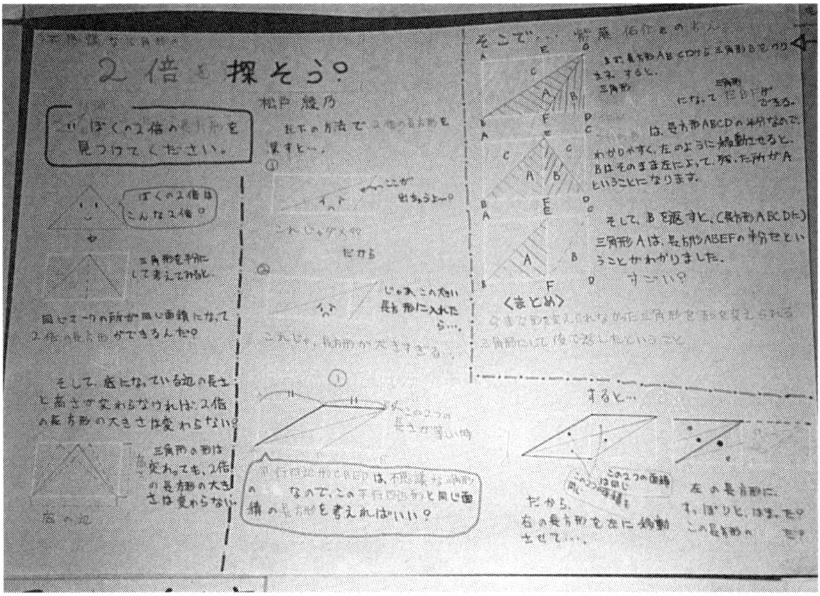
2倍を探そう。
松戸 綾乃
ぼくの2倍の長方形を見つけてください。
〈まとめ〉

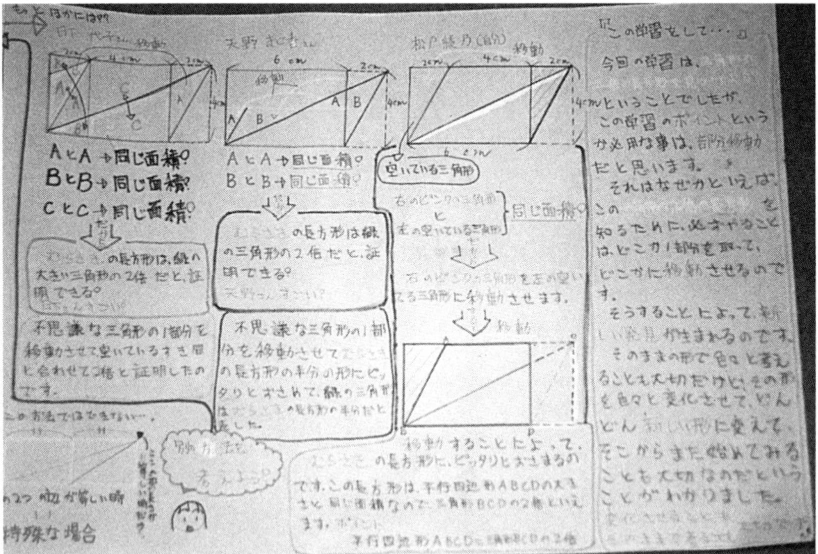
AとA→同じ面積。
BとB→同じ面積。
CとC→同じ面積。
特殊な場合
この学習をして…。

彼女の考えた方法は長方形が三角形の2倍であるかどうかを考えるために，もとの図形に2つ分がぴったりと入るかどうかという視点で調べている。まず次の場合から取り組んだ。

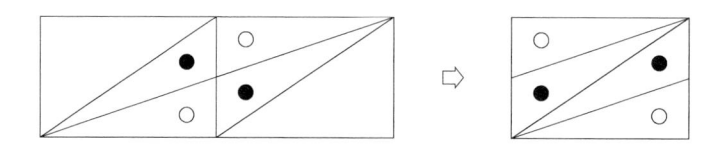

　確かにこれで2倍であることが一目見てよくわかる。そして実はこの後が面白い。彼女は，この場合，これで説明できたのだから，他の場合だってできるはずだというのだ。
　そして試してみた。この考えは実は沙代子のアイディアがもとになっている。

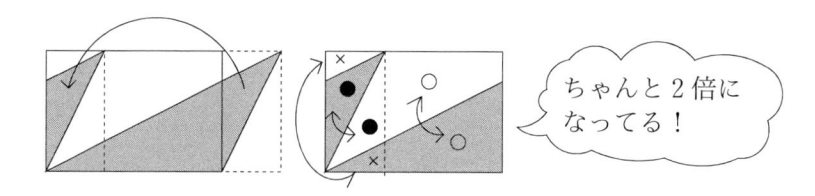

ちゃんと2倍になってる！

　沙代子はこの発見をしたとき，先輩の舟木に負けないぐらいの感動をもったという。実は，まど香の説明の方法も面白い。まど香は長方形の半分であることを下の図のように移動して説明する方法を考えた。

こうするとなぜだかわからないけれどぴったり入るよ！

　こうして，子どもたちなりの探究の世界がまとめられていく。
　このときにも，

「例えばこういうはみ出し方だったらどうなるかな……」

「これでこのときが説明できたのだったら，こちらもできるはずだ」

という連続した問いが確かに子どもたちの活動を支えている。集団の話し合いのときには，見えなかったことも学習がすべて終わった後で個々の活動を保障してあげると，その学習で培ったエネルギーで，自分なりの世界をどんどん開発していける子がいるのがわかった。

授業で活発に話をするタイプではない子も，このような「書く」場面で，確かにたくましく育っていく姿を見取ることができるのである。

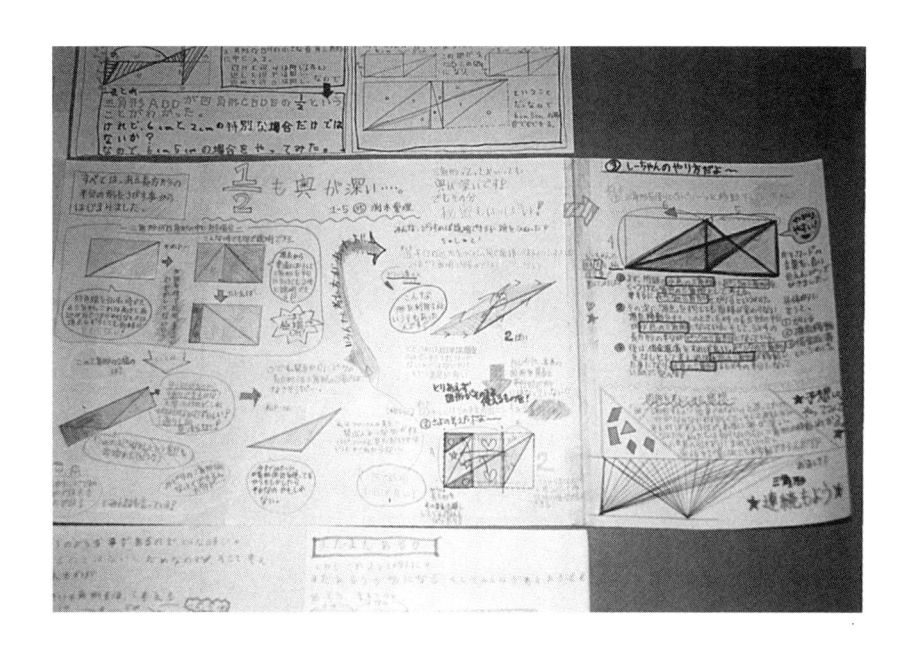

第 3 章

表現力が育つ条件

　第3章では，表現力が育つ土壌として子どもたちの人間関係を育てるという意識をもつことについて，さらにその仲間の中での表現力の鍛え方についての具体的な方策を述べてみようと思う。
　表現力を育てるのに何よりも大切なことは，子どもたち一人ひとりが自分の考えを素直に表現できるような集団をつくり上げることだと私は思っている。

1．素直さが育つ学級をつくること

１ 学級づくりと算数授業

　算数教育には「学級づくり」が不可欠ということは，わかってはいたが，その事実を改めて認識する機会が最近あった。

　それは同窓会で集まった，すでに大学生になる卒業した子どもたちからのメッセージを読んだときである。

　春休みにタイムカプセルを掘り出すために集まった懐かしい顔ぶれの大学２年生の子どもたち。何と彼らが同窓会の場で一人ずつ私宛に手紙をしたためてくれていたからびっくりした。

　「先生は卒業のとき，ぼくたち一人ひとりに手紙をくれましたね。今回はそのお礼です」というのである。

　最近の若者はしらけ世代だといわれているが，こんな純粋な気持ちをもった子どもたちもいる。教え子たちがそのような心を忘れないでいてくれたのが本当にうれしかった。

　その中に小学校の頃を思い出して書いてくれたことで，次のような文章に

たくさん出会った。

「なかなか発言する勇気のなかった私に，あの頃はクラスのみんなが勇気をくれていたと思う」

「あるとき，思い切って発表したら先生がほめてくれた。そして何よりみんながたくさんうなずきながら聞いてくれたのがとてもうれしかった」

「小学校の頃は発表が楽しかった。話し合っているときのクラスのみんなとのやりとりが面白かった」

彼らは中学校，高校になると話し合いを楽しんでいる時間がなくなったと口々にいう。授業とは説明を聞くものだと諭されたという経験をもつ子どももいた。そして，クラスの雰囲気も次第に優秀なことのみを表現することを求める空気になっていったとも。

確かに日本の中学校，高校の数学のカリキュラムの内容と配当時間数を比べてみると，子どもたちの素直な問いにつきあっているゆとりがないという指摘もわからないではない。だから今回の学習指導要領で内容が削除されたことは，一概に改悪だとはいえない側面がある。ただ，内容が削除されて時間に少しゆとりができても，教師たちが子どもたちの問いを育てるという意識で授業を展開していかないのならば，やはり意味がない。

内容が削除されたことから，ひたすら面白くもない内容を繰り返し完全主義に陥った教師によって，詰め込まれる時間が始まったとしたら，子どもに

とっては本当に悲劇である。

　個人的には日本の教育課程に対して単純だが一つの提案がある。

　それは言語教育の領域はもっと時間を増やして行うとよいということである。小学校時代は毎日，国語と算数がある。これらは言語教育の一環なのである。国語はわかるだろうが，実は算数もそうだ。これについては，第1章でも述べたから，もう一度読みなおしてみてもらいたい。

　そして，中学校では数学と英語という新しい言語教育に課題をうつし，これまた毎日1時間ずつ設ければいい。1，2，3時間目は毎日数学と英語，国語とするぐらいでもいいかもしれない。ともかく義務教育期間は人間の土台をつくるという意味で，このような基礎的能力にかかわる分野にもっと重点をおいてほしいと思う。すると中学や高校も，もっとゆったりと，子どもたちの素直な考えにつきあえるのに……と思うのである。

　少し話が横道にそれた。本題に戻す。

　大学生になった彼らと話しているうちに，もう一つ気がついたことがある。それは表現の技法をたくさん身につけることだけではなく，その表現力をどのような環境の中で使っていくかが，実は重要な視点であるということである。これについては，第1章で数学的な考え方に関して引用した秋月氏の論文にも，実は同様の危惧が書かれていた。

　それは方法を教えてもらっても，それをよりよい場面で使っていくことができなければ，意味がないのだという指摘である。数学的な考え方に対する氏の警告だが，実は私が育てたいと思っている表現力でもまったく同じことがいえることに気がついたのである。

　確かに子どもたちの語り始めの言葉を意識してポイントを絞り，ほめながら育てていくと，子どもの数学的な語り方はどんどん増えてくる。

　しかし，そのときそれぞれの「語り始めの言葉」を，形式として子どもに教えても意味がない。

　子どもたちが心を許しあえる仲間との話し合いの中で，必要にかられて自

然にそれぞれの話法が登場してこないと意味がない。

　大切なのは素直な考え方を表現したくなる，その空気を生む仲間を創ることである。

　実際，懸命に話している子どもが聞き手の態度次第で，どんどんパワーを落としていくことも事実としてある。友達があまり話を聞いてくれない，聞いてくれてもいつも批判的である，というような空気の中では話し手はどんどんパワーダウンしてしまうことを我々は知っている。

　授業を行いながら，学級の子どもたちの人間関係を育てているのだという意識が，道徳だけでなく教科教育を行っているときの教師にも必要なのである。

　子どもたちの人間関係を育てるステップは，大きく分けて次の2段階がある。

　一つ目は仲間が**自分を支えてくれる支持的な風土をもった仲間**だと思えるようになること，

　二つ目はその上で**たくましく積極的にかかわる状態に子どもたちを追い込むこと**，
である。

2　この友達の気持ちがわかるかなとたずねる

　では，まずは一つ目の視点について論じてみたい。

　2001年2月の公開研究会の授業で，5，6，7，8の4つの数字カードを使って分数の大小比較のゲームを行った。

　数字カードをひいては，下の図の□の位置におく。

できた分数を比較して,どちらが大きいかを比較するというゲームである。

4年生の子どもだから,異分母は比較できないのではないかと思われるだろうが,そうでもない。

一方が1よりも大きいときで,もう一方が1よりも小さいときになった場合などは,すぐに判定できてしまう。仮分数,真分数を学ぶ4年生にはちょうどいい題材である。

そして実は両方とも1より大きい場合も,両方とも1より小さい場合も,ちょっと工夫をすれば4年生の学習内容だけで判定がつくという面白さがある。

新しい学習指導要領では,異分母分数の比較はなんと6年生に移動した。4年生で分数の表現が登場し,同分母の計算が始まるのが5年生である。

だが,しかし分数という表現を学んで2年間それぞれ表現された数の大きさを比べようとしない子どもを,果たして私たちは育てたいと思っているのだろうか。それまで整数や小数で大小を比較してきた子どもたちが新たな表現方法を学んだときに,先生から問われないかぎり,「ねえ先生,$\frac{2}{5}$と$\frac{4}{7}$ってどっちが大きいの」とたずねることがないとしたら……。

このような受け身な子どもたちを育ててしまったことを,大きく反省しなくてはならない。

さて,この授業の中で子どもたちに互いに寄り添わせたいなと感じた場面は,次の分数を比べる場面だった。

$$\frac{7}{5} \qquad \frac{8}{6}$$

カードを置いて問題ができた瞬間,ゆかりがぽつりと「引き分けじゃないかな」とつぶやいたからである。

実は私もこの引き分けという言葉を聞

いた瞬間，なるほど面白いと思った。

確かによく数字を見るとこの場合，引き分けと考える子の考えの方が素直かもしれない。

そこで，他の子どもたちに「この友達の気持ちがわかるかな」ともちかけてみた。この「引き分け」という感じ方が特別なのかどうかを見るためである。

すると多くの子どもたちが，にこにこしてうなずいている。

「わかる，わかる。先生，その気持ちとってもよくわかるよ」という声が聞こえてくる。

実はクラスの中に，ゆかりが引き分けといった瞬間には，否定的な雰囲気が走ったのも事実。

しかし私が「気持ちがわかるかい？」とたずねると次の瞬間，空気が和んだ。

このときの子どもたちの心の中には次のような状態があると考えられる。

---子どもたちの心の中---
- ゆかりちゃんがいっていることは変だと思うけど，そのように考える気持ちはわかる。
- 実は私もよくわからないけれど，ゆかりちゃんのように考えていた。

この状態を先のように子どもたちが表に出し始めると，話し合いの空気は非常に温かいものになる。そして実はこれが，個々が自分の考えている途中の状態を表現することにつながるのである。

仁奈はこういった。

「分数は分母が大きいほど小さくて，分母が小さいほど大きくなるでしょ。逆に分子は大きいほど大きくて，小さいほど小さい。

$\frac{7}{5}$と$\frac{8}{6}$では分母は5の方が大きくなりそうなんだけど，分子は8の方が大きくなるでしょ。」

ここで壮司が「そうか，大きいと小さい，小さいと大きいだから引き分けだね」と相槌を打ってくれる。

　このような場面も同じである。友達がうなずいてくれると，話している子は勇気がでる。もちろん，応援だけではなく，「え，どういう意味？」とかかわってくるのでもいい。つまり友達が自分の意見を真剣に聞いてくれているのだという実感をもつと，話し手の気持ちも高まっていくのである。

　実はここまでの子どもの言葉はおそらく活字だけ追っていたのでは，読者の方も何のことかよくわからないだろう。

　きちんと黒板に整理していかないと大人でも混乱してしまいそうな表現である。

　でも，実は子ども同士には通じていた。それは互いに頭の中でこれらの分数のイメージを描いていたからである。

　分数は分母が同じだったら分子が大きくなればなるほど，数は大きい。逆に分子が同じだったら分母が大きくなるほど数は小さくなる。子どもたちはこの事実を，ケーキを等分する場合で説明したり，物を配る場合に置き換えて話し続ける。

　面白かったのは，この後である。

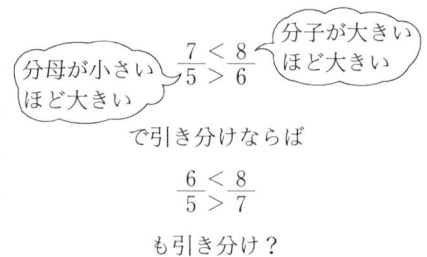

　最初，引き分けではないと主張していた子がノートに右のように書いてきた。大きいと小さいだけの組み合わせになるというだけでは，このようにした他のときも全部引き分けになってしまうから変だという。

分母が小さいほど大きい　　分子が大きいほど大きい

$$\frac{7}{5} < \frac{8}{6}$$

で引き分けならば

$$\frac{6}{5} < \frac{8}{7}$$

も引き分け？

なるほど，確かにそうだ。そこで，この分数の組み合わせを，他の子どもたちに伝える。

　すると，逆に「あっそうか，やっぱり先生，引き分けでよさそうだよ」という子が出てきたのである。

　よく見ると，分子が7，6，5と変わっていく3番目と分母が6，7，8と変わっていくときの3番目を見ると，いずれも$\frac{8}{8}$と$\frac{5}{5}$になっていて1である。つまり引き分けだということがはっきりとわかるというのである。

　だから，この約束で変化していく数の組み合わせの分数はやっぱり引き分けだというのだ。面白い。まったく子どもの発想は豊かである。

$\boxed{\frac{5}{5}}\ \frac{6}{5}\ \frac{7}{5}<\frac{8}{6}\ \frac{8}{7}\ \boxed{\frac{8}{8}}$

3番目を見ると両方とも1
やっぱり引き分けでよさそうだ！

　この後，やっと帯分数に整理する考え方が登場してきて，子どもたちも大小判定を納得してくれた。

　その方法については後述するが，私がこの事例で伝えたいことは，真の問題解決では解決に至るプロセスに，実はこのように小さなステップがたくさん存在しているということである。

　ところが通常は，このような解決の過程が表に出てくることはあまりない。子どもたちが所属している集団に安心し，自由に意見がたくさんいえるようになると，教科書の簡単な教材でも，その解決の過程の様々な子どもの理解不足による情報が紹介されるようになる。最初からスマートな解決策が紹介されるのではなく，子どもたちの途中のつまずきも互いに披露しあう時間となるところがいいのである。

　ちなみにこの授業の続きは本時だけではまとまらず，すっきりとさせるま

でに3時間もかかってしまった。しかし，確かに子どもたちは分数を形式だけで処理するのではなく，そのイメージをたくさん語りながら，その理解を深めていったと思っている。

ところで，この教材には次のような面白さが隠されている。

それは，この問題では，カードをどのように置いても，必ず4年生の知識だけで解くことができるという点である。

例えば，

a．両方とも1よりも大きいとき

下のように自明でわかる場合と帯分数に直してみると分子が同じ分数ができる場合がある。分子が同じ場合は分母が大きいほど小さいということは，4年生の子どもたちでもわかるから判定できるというわけだ。

$$\frac{6}{5} \quad \frac{8}{7} \quad \Rightarrow 1\frac{1}{5} > 1\frac{1}{7}$$

$$\frac{7}{5} \quad \frac{8}{6} \quad \Rightarrow 1\frac{2}{5} > 1\frac{2}{6}$$

$$\frac{8}{5} \quad \frac{7}{6} \quad \Rightarrow これは自明$$

b．両方とも1よりも小さい場合

では，今度は両方とも1よりも小さいとどうなるか。

実は，今度は1との差を見るといい。$\frac{5}{6}$は1まであと$\frac{1}{6}$であり，$\frac{7}{8}$は1まであと$\frac{1}{8}$である。

$$\frac{7}{8} \quad \frac{5}{6} \quad \Rightarrow 1まで\frac{1}{8} > 1まで\frac{1}{6}$$

$$\frac{6}{8} \quad \frac{5}{7} \quad \Rightarrow 1まで\frac{2}{8} > 1まで\frac{2}{7}$$

$\dfrac{5}{8}$　$\dfrac{6}{7}$　⇒これは自明

　このように自分がよく知っているある数との距離を見ながら，数の大きさの大小を判定する力は，数学的な考え方としても大切にしたい力である。

　こうして見ると，どの場合も通分なんかしなくても子どもたちが分数に対してもっているイメージを総動員することで解決できるのである。ここでは2つほど自明の場合があると述べたが，実はこの場合でも，子どもたちがどちらが大きいかをどのようにして判断したかを語らせてみると，個々の分数に対するイメージを語る場面にちゃんとなっている。
　この教材を初めて試したのは，数年前の高知県での算数セミナーのときだった。日焼けした南国の子どもたちを相手に，夏休みに飛び込み授業をしたのを覚えている。
　そのときは，何とかこの教材の面白さを見せたいと思って矢継ぎ早に発問を繰り返し，強引な展開をしてしまった。
　自分の開発した教材の面白さを伝えることだけを追っていると，実は一番大切なことを見失ってしまうことがある。それは問題を解決するための情報を早く与えようとしすぎることで，子どもたちが自らの力で問題を解決するという姿勢をもたなくなってしまうという点である。
　欲していない情報を矢継ぎ早に伝えていく授業を経験していくと，子どもたちは次第に受け身になってしまう。
　実は教材研究が深く行われている研究授業ほど，こういう傾向が強いといわれている。そういえば，いろいろなところに出かけて他人の授業を見ても同様のことを感じる。
　教師は先を知りすぎているから，自明のこととして進めていくけれど，聞いている子どもたちはいずれも初めてであるため，目の前の情報を処理しきれないまま消化不良の状態で歩いていくことになる。さらに悪いことに，先

が見えすぎている教師には，そのときの子どもたちの素直なつぶやきも聞こえなくなってしまう。

こうなってしまうと，せっかくこの教材を，通分を用いないで分数を考えさせる場にしたいと思って子どもにもちかけたとしても，これでは形式的な解決策を教えているのと何ら変わらなくなってしまう。

大切なのは子どもたちの今の姿から，つまり子どもたちのもっている言葉から，どのようにこの問題を解決していく糸口を見いだすかなのである。

ゆっくりと拙い子どもの言葉に寄り添ってみると，実は教師にも新しい世界が見えてくることがある。

では次に二つ目の視点について述べてみる。

❸ 友達の考え方にたくましくかかわっていく力を育てること

支持的な空気に包まれた途端，子どもたちは実によく話すようになる。このようになったときから，今度は子どもたち同士のかかわりをもっと積極的でたくましいものに変えていく意識が教師には必要になる。

そのために私が意識している手立てを今度は述べてみる。

その大きなポイントは，

　　　　　　友達の発表の途中に積極的にかかわらせる

ということである。

これに関しては，私の授業を見に来られた方がよく質問されることがある。

「発言している子を止めて，他の子に続きをしゃべらせる方法をよく使われるのですが，どのような意図があるのですか」と。

結論を述べると，友達の完成された発表を聞くだけの授業では，読書をして情報を得ているのと変わりないと私は思っているからである。

　「考える力」を育てることを目的とする教科ならではの授業の進め方を意識すると，一人の子どもにすべて答えをいわせてしまうことが，聞き手の考える場面をうばってしまっていることになるということに気がつく。だからこのような手立てで聞き手にも考えるチャンスを与えることにしているのである。

　例えばひらめきのいい友達にその「きっかけ」をもらうだけでも，他の子どもたちが同じように発見を味わえることもある。

　一人の子どもに全部しゃべらせるのではなく，途中までしゃべらせておいて，続きをみんなで考えていくという手法のもう一つのよいところは，一つの思考のプロセスをいくつかのモジュールに分割していくことを意識させることにもつながっているところである。

　子どもたちが「ここまではわかるのだけど……」というような言葉で語り始めるようにするには，自分の考えている過程をいくつかのステップに整理する力がないとできない。

　子どもたちが「ここまではいいんだけど」とか「そこまではわかるんだけど，その次がね……」などと語りだしたら，それは論理的に事象を見つめだした証である。

　慣れてくると，自ら友達の発表をさえぎってたずねる子どもも増えてくる。

　教師の方で子どもたちの発表を分割しながら表現させるように仕向けていくと，子どもたちもその方がわかりやすいことを実感としてもつからだ。

　すると，次第に友達の発表にも「ちょっと待って。そこまではわかるの。そこからがよくわかんないから，ゆっ

3　友達の考え方にたくましくかかわっていく力を育てること

くりしゃべって！」というように積極的に発言の途中にかかわるようになる。

　このような状態は，友達の話を最後まできちんと聞きなさいというような指導が形式的に徹底されているクラスでは起こらない。

　確かに最後まできちんと聞くというのは大切な指導だと思うけれど，それは話し手の子どもが短く端的に自分のいいたいことを話すという指導がきちんとされていることが前提である。

　だらだらと長い話をしているのを最後まで聞けといわれても，それはかわいそうである。

　新しい商品を開発する大人の創造的な会議の場では，意味のわからない言葉が出てきたり，内容が把握できなかったりすると，その場でかかわっていくことが多いと聞く。自然体の子ども同士の交流を実現するには，形式的な発表スタイルから主体的に友達の意見にかかわっていくことを奨励する授業スタイルに変化させていくことが望まれるのである。

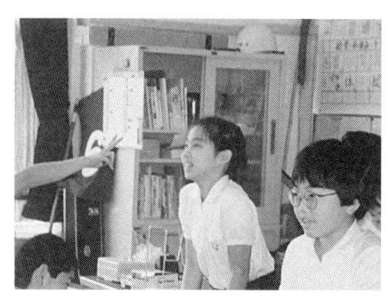

　これも授業観にかかわってくるところだ。

　ここまでのところをまとめると，要するにたくましい聞き手と対話することが，多様な表現力をもつ話し手を育てることになるといえないだろうか。

　その意味で，私は最近，子どもたちが受け身でいる間は，友達の意見を最後までのんびり聞いているようではだめだということにしている。

　わからない話が出てきたら，その時点ですぐにかかわりなさいと……。

　このように友達の話は「理解しよう

として積極的にかかわること」の方が本当は優しいのである。理解する気のない友達が何人静かに聞いていても，おそらく話し手はむなしいだけだ。

　ちなみに話し手が鍛えられていないクラスでは，よくわかった子が長々と発表しているため，その友達の話を最後まで聞いていると，子どもたちの中に，話の中身がわからなくてもどうでもいいやという投げやりの雰囲気もできてしまう。

　話の最初の方で実はたずねたいことがあったとしても，その子の発表が終わる頃には，忘れてしまっているのが普通の子どもだからだ。

　先にも述べたように，いくつか意味のわからないことが話の中に重なって登場してくると，もう聞き手は理解しようという気が薄らいでくる。

　だからこそ，私は聞き手の気持ちを先に考え，途中でもいいからよくわからなかったら，発表している友達にかかわってもよいと子どもたちに告げる。

　聞き手，話し手が育ってきてからである。人の話を最後まできちんと聞きなさいということが有効になるのは。

　さて，聞き手が何度か話し手にかかわりだすことがクラスの発表の雰囲気や約束として慣れてくると，逆に発表する子どもの方が自分で自分の発表を区切って，次のように聞いている子に話すようになる。

　「ねえ，ここまではいいでしょ。いい？」というようにである。

　途中でさえぎられると話し手の子どもがパワーダウンしてしまうのではないかという意見もときどき聞くのだが，それは逆である。

　先にも述べたが，相手のいうことを真剣に聞こうとする態度の伴うかかわり方は，決して嫌な雰囲気をつくり出すことはない。いやそれどころか，話し手が一生懸命話そうとするようになるから，パワーはアップするぐらいである。

　形式的に優しそうに見える子どもたちのかかわりを，もっと一歩踏み込んだ真剣にかかわり合う姿に変容させるには，もっと聞き手も話し手も追い込むことが必要である。ここが学級づくりと直結する場面でもある。

研究会のおり，私の所属する算数部のディスカッションを聞いた先生から「自分の学校の算数部の協議会は，なぜ筑波の先生たちのような議論にならないのだろうか」という意見をもらったことがある。

　答えは簡単である。形式的に授業者を尊重し，互いに自分が傷つかないようにかかわり合っている空間では激しい議論は期待できないのである。

　うわべだけのつきあいは，お互いが相手の痛くないことをついているうちはいいが，いざ苦しい立場になったときには果たして寄り添ってくれるかどうか怪しいものである。

　子どもの社会も最近，うわべだけの形式的なかかわり合いに翻弄されているような気がするのは私だけだろうか。

　流行のコミュニケーションを大切にした授業で，子どもがむきになり真剣に討議しあうのを見たことがない。

　ある学校の運動会を見に行ったら仲よく手をつないでゴールインする姿に拍手が寄せられていた。そのくせ，他人が真剣勝負するオリンピックなどには熱中する。どこか変ではないか。自分が傷つかない場所での競い合いだけは大いに喜んでいるというのは臆病者のすることではないか。

　そういえば成績表も最近は全員が5になるというのが素晴らしいのだそうだ。冗談ではない。そんな5をもらって喜んでいるような柔な子どもにしてどうするのだろう。

　教育の世界が形式的な美しさに流されて本質的な大切なものを見失っているような気がする。そしてそれが同時に子どもたちのたくましさも失わせているような気がする。

4　共通するのは「寄り添う」という気持ち

　ここまでの話を整理する。
　共通するのは「相手に寄り添う」ということである。
　一つ目の手立てとして述べた「この子の気持ちがわかるかな」という発問は「話し手に寄り添う」子どもたちを育てる一つの方策だと考えることができる。
　二つ目に述べた「友達の発表の途中にかかわる」ことは「聞き手に寄り添うことのできる話し手」を育てるための手立てだと言い換えることができる。
　自分の話を聞いてくれる友達が，積極的に発表の途中でかかわってくれるようになると，発表者はいつもそれに答えながら進まなくてはいけなくなる。いや実はこのように聞き手の反応を気にしながら発表者は話をしようとするから，相手を納得させるための手立てとして様々な表現力を駆使する必要が生まれるのである。
　つまり，聞き手は「話し手に寄り添い」，話し手は「聞き手に寄り添う」という，人と人のコミュニケーションの基本的な部分を授業の中の発表の場面で育てていると考えられるのである。
　子どもたちが問題解決に取り組むとき，最初は誰でも不安なものである。だが，この不安な状態のときから安心して意見を交換することができるようになると，「考える過程」を友達と共有することができるようになる。
　卒業した美織は文集に次のようなことを書いた。

　　私は3年生まで自分のことが大嫌いでした。モジモジしていて，授業中もろくに手をあげず，周りと同じ反応をする。自分がやりたいことがわかりま

> せんでした。そんな私を変身させてくれたのがヒロセン（私のニックネーム）と一部6年のみんなでした。クラス替えをした後、とても元気のいいクラスの雰囲気に押され、ちょっと手をあげてみたら、私の意見をみんながスンナリ受け入れてくれました。
> 「なんだ、手をあげて意見をいうことって簡単なんだ」
> と思い、それからは何でも発言できる私になりました。意見をいえるようになると授業も楽しいし、とても充実感があります。
> きっと私みたいに変身できた人が一部6年にはいっぱいいたんじゃないかなと思います。……（後半略）
> 　　　　　　　　　　　　　　　　　　　　　　　　　　平本　美織

　どうだろう。所属する集団によって変身できた自分を最大限に意識できた子の作文だといえるだろう。子どもたちにとって、このような空気に包まれることが何より自己表現を開花させるのに最高の薬だというのがよくわかる。

　また「周りの雰囲気に押されて何となく手をあげてみたら……」というところもいいと思う。子どもたちの発表はこんなものから始めるのがいい。

　よく考えたら、完成した大作の発表を子どもたちにさせようとする必要はないのである。大人でも大勢の前で発言するのには勇気がいるものだ。まだ生まれて10年余りしかたっていない生命体にそんな無理をさせることはないではないか。

　もっと気軽に、もっと素直に自分が考えたことを表現しあう時間を学校教育は増やしていくべきではないだろうか。そして実は、これが真の考える力を育てることにつながっていくのである。

　本当の意味での「考える力」を育てる場とは結論を共有することではなく、考えていく過程そのものを共有することだと思う。

　だからこそ不安な状態で思い切って意見を述べたら、友達に笑われたとか、馬鹿にされたというような経験を子どもにさせてはならない。

これは第１章で北山氏も指摘していたことである。
　つまり寄り添うことを目標にした授業は子どもの表現力を高める効果と同時に，個々の思考の過程を共有することにつながるという二つの大きな価値があることを知っておくべきである。
　振り返ってみると，教師というのは，子どもに対していくつかの勝手な思い込みをもって見つめていく生き物のような気がする。そして，最後はどうしても教え込むことが大切だと思っている。
　だが，その教え込みたいと思っている大人たちは，その内容がすでにＣＤ一枚持ち歩けば事たりるような知識だということには気がついていない。
　目の前にいる子どもたちは，実は計り知れない可能性をもっている。
　この子はあまり話をしない子，この子は書くのが苦手な子，この子は先生がしっかりと世話をしなければいけない子……。
　こんな決めつけた見方が多いけれど，それはもしかしたら，その先生の前だけでかもしれない。前に立つ大人が変わったら，周りにいる友達の雰囲気が変わったら，もしかしたら豊かではつらつとした発見をする力をもった子どもなのかもしれないのだ。
　そのために，子どもたちの雰囲気も，教師の構えも，表現する主体の真の姿を探り出そうとする姿勢になることが求められる。
　繰り返すが大切なことは，「寄り添う」というキーワードである。
　安心した子どもたちが饒舌になったら，今度はその中から方向性をもった言葉を拾い上げ価値づけていくのが，教師の次の仕事になる。そのときも予期せぬ言葉の向こうに，もしかしたら大きな宝物があるかもしれないと思って接していく。こんな教師の姿が実はクラス集団を変えていくのだと思っている。
　子どもたちの言葉にとことんつきあって授業を構成していくと，あるときは波に漂う木の葉のように右往左往してしまうこともある。こうした授業の場では，知識や技能は効率よくすぐには身につかないかもしれないけれど，真摯につきあった回数分だけ確実に子どもたちは素直になってくれる。

2．授業の中で個々の表現力を磨く場を意図的につくる

　今の私のクラスの子どもも，1年前に比べると本当によくしゃべるようになった。5年生だが実に素直である。様々なアイディアも披露してくれるから，授業を行っていてとても楽しい。

　だが，積極的に授業に参加する子どもが増えてくるとその反面，今度は次第に手をあげてもなかなか発言できないという苛立ちも目立ってきた。

　さらに冷静になってよく見つめなおしてみると，実は手をあげる子の頻度もかなり偏ってしまっていることにも気がついた。

　このような状況になったときの問題点を整理すると，次の二つになる。

〈その1〉	発言する力をもった子どももその技法を磨く時間が少ないこと
〈その2〉	聞き役に回ることの多い子は技法を知っても活用していく場がないため身につかないということ

　では，今度はこんな問題点を解決するための，すぐ使える簡単な授業技術をいくつか紹介してみることにする。

　まず授業中に，子どもたちが発表したいと思ってたくさん手をあげている場面を想起してみよう。

　そして，その中の誰かを指名したとする。すると「あーあ」という声が響いて指名されない子どもたちが残念がる。先生方も経験があるだろう。

こういう場面ではできるだけ多くの子どもたちに話をさせてあげたいと思う。そこでこんな場面では最近，次のようなことをしている。

１　手をあげている子どもには全員に発言させる

つまり授業の中で（ここはみんなの意見を聞きたいな）と思う山場のときには，手をあげている子全員に一斉に発表する場をつくってみたのである。

子どもたちには次のような指示を出した。

「今，手をあげている人，全員立ちなさい」

そしてさらに，

「座っている人は立っている人をよく見て，この人の話を聞いてみたいなと思うところに集まりなさい」と告げる。

もし，同様のことを読者の先生方の教室で突然行ったら，どのような問題が起こるだろうか。想像してみていただきたい。

そうである。たくさん友達が集まるところとあまり集まらないところができてしまうのである。ときには０人だったりするかもしれない。実はこういうところで自分のクラスの子どもたちの人間関係がはっきり見えてくる。

だからここは自分の学級経営を反省する場だともいえる。

私のクラスでも最初のときには人数が均等にはならなかった。そこで，このように告げた。

「発表は今から一斉に行います。後からもう一回別のお友達のところに行って話を聞く機会をあげます。さて，周りを見渡してください。このまま発

表に入っていいでしょうか」

　ゆっくり周りを見渡すと、まだ聞き手が来ていない友達や、人数が極端に少ない友達がいることに気がつく。

　数人の子が私の表情を見て察してくれた。そして人数の少ない友達のところにさっと移動してくれたのである。

　ここを思いっきりほめる。

　そして、授業で友達の意見を聞くときはいつも仲良しの友達ばかりで集まるのではなく、普段あまり声を聞くことができない友達が、どんなことを考えているのかを見たいなと思う子であってほしい、とここは熱く語る。

　ただ子どもたちも一度集まったらそこから離れられないのだと思うと、なかなか新しい友達のところには旅立てないから、何度か繰り返しいろいろな友達の話が聞けるのだと伝えてやることも大切になる。

　食わず嫌いという言葉があるが、それは友達つきあいでも実は同じ。

　このような場面で思い切って別の友達のところに行ってみて話してみれば、「あっ、この人こんなにおもしろいんだな」と感じる瞬間がきっとある。

　日記に次のように書いた子がいた。

> 　ふだん、おとなしい人なのであまり話をしない暗い人だと思っていたら、とてもユニークな考え方をする人だった。友達って見かけじゃわからないものだね、先生

　こんな出会いを授業の中でこそ、たくさんさせたいものである。

　では次にいつも聞き役に回りがちな子どもたちについて、その表現力を高めるにはどのようにすればいいだろうかを考えてみる。

　なかなか手をあげて発表できない子の多くは、自分が今思っていることに

とても不安なのである。そこでいつも自分で考えたことだけを発表するのではなく、最初は友達の考えたことについてどのように思うかを述べるのでも十分に発表になると考えてみよう。

そこで次のようなことを考えた。

❷ 友達の発表の前半部分を聞いて続きの後半部分を考える

　授業の要になる発言をA子がしそうだと判断したとき、A子の発言をすべて聞かないで前半部分だけに留めておく。そして聞いている子に告げる。

　「さて、A子はこの後何がいいたいんだろうね」と。ここで友達同士で想像しあう時間をとる。

　例えば4人グループで順に個々の想像を報告しあったり、となり同士で発言しあったりする時間をここで設ける。

　想像するわけだから中身が違っていたって構わない。そして実は前半部分のきっかけからすると、このように考えるだろうと予測していくこと自体が「考える力」を鍛えることにつながっている。

❸ 友達の発表の中身をとなりの人に解説することも発表

　友達の発表の続きを考えることもまだできないという子もいるだろう。そんなときは，ある子が発言した後で，次のように告げて友達の発表の報告をさせてみる時間をとるのもいい。
　「となりの友達に，今Aさんが発表したことはどういうことなのか，説明してみよう」ともちかけるのである。
　これだって実は，「さあ，どうぞ」と告げて子どもたち全員がすぐに動き出せることはまずない。なぜならば普段手をあまりあげない子，発言の苦手な子の中には，積極的に授業にかかわっていない子も多いため，話を聞いていないことが多いからである。
　だから困惑した顔があちこちに見える。
　そこで，「Aさんの話をもう一度聞きたい人？」とたずねてみる。多くがうなずくから，ここでもう一度Aさんの話を聞くことにする。すると今度はみんな真剣に聞いている。そして再び同じことを行えばいい。
　このぐらいのことを意識しないと，なかなか動けない子どももいることも事実である。追い込まれると子どもたちも動き出す。いざ積極的に動いてみると，先の美織の日記のように参加する楽しさが味わえるようになる。
　だが，こうして追い込まれて動いた子どもが，このとき恥をかかないようにする配慮が大切になる。北山氏がいうように「思い切って意見を述べたら友達に笑われたというような経験をもつ子は二度と意見をいわなくなる」からである。美織が自信をもったのは

「みんながスンナリ受け入れてくれた」と肌で感じたからである。

　だからこのように二人組やグループで発表するときの大切なポイントは，実は友達の話を聞く方に回る子どもの姿勢を育てることにある。

　となりの友達の意見を聞くときに，「ちゃんとAさんの話を伝えることができるかどうか」を判定するというような，高い態度で聞いていてはだめなのである。

　何とかとなりの子が，Aさんのいったことを伝えることができるように支えることが役目なのだと考えさせるのである。行き詰まったらアドバイスもしてあげるのである。替わって全部答えをいってしまうのもだめである。大切なのは話し手の気持ちになって支えてあげることである。

　つまり二人がかりで，Aさんの話を理解しようとする時間なのだと思わせるのである。

　実はヒントの伝え方，図でアドバイスする方法などを見取ると，聞き手の子の本当のわかり方もよく見えてくる。

　本当に意味を理解している子は，ヒントを出すのもセンスがいい。

4　聞き役の子をインジケーターにする

　黒板のところに出てきてとうとうと，語り続けることができる子がいたとする。しかし，自分で勝手に話し続けるだけで，ちっとも聞き手のことを見ようとしない子がいる。この子を聞き手を意識する子にするために行う手立ても，一つ紹介しておこう。

　授業の中で要になる子どもの発言があったときに，その発言を聞いた子ど

もたちに「今のBさんのいったことわかったかい？」とまずたずねてみる。

　自分勝手に話をする子の意見は多くの場合，クラスの子の$\frac{2}{3}$はよくわかっていないことが多い。

　そこで，次にもう一度Bさんに話をしてもらうことにする。

　ただし，聞いている子には，話を聞きながら「そこからがわからない」と思った場所で手をあげてごらんと告げる。要するに友達の発言の途中にダイレクトにかかわらせるための手立てである。最初から声を出してかかわることはできなくても，手をあげるぐらいならできる。

　これだけの約束をするだけで，聞き手も実は友達の話をかみ締めながら聞くようになる。

　話し手にとっては，友達の手があがり始めたところからが，自分の話が上手く伝わっていないところだと直接わかるので，インジケーターのように自分の意見の伝わり方を目で見て判断していくことができる。

　だから話している子も，発言の方法を自分で修正しながら続けなくてはならなくなる。

　もちろん，本当は自然に子どもたちが友達の発言にかかわりあえるようになるのがよいのだが，時にはこのような手立てを試すと，子どもたちにそのきっかけはつくってやることはできる。

3．算数的表現力を育てる授業づくり

1 「伝えたい」「聞きたい」という想いが表現力を鍛える

　こうした場を増やしていくことが，子どもたちが身につけた表現の技法を磨く場となる。ここではいくつかの具体的な手立てを述べたにすぎないが，このような小さなテクニックは実は山のようにある。
　それなら全部ここに書けばいいという声も聞こえてきそうだが，それは別の本の企画に譲るとして，ポイントは要するに子どもたちをもっと気軽にしてあげよう，そして自分の立場をしっかりもたせて授業に参加する楽しさを味わわせてあげようという二つの教師の姿勢をもつことである。
　そうすれば目の前の子どもに合わせていろいろな方法が，担任の先生ならば思い浮かぶはずだ。
　だが，こうした小手先の手法よりも，彼らの表現力を何より活性化させるのは，彼らの中に「伝えたい」「聞きたい」という想いが満ちたときである。
　伝えたいことがたくさん溜まった子どもは，自然にいろいろな工夫をするからである。

```
―― 伝えたい ――
●言葉だけではうまく伝わらないから，黒板に出て行って黒板の図や式を指しながら話そうとする。
●黒板に図や式を自分で書き加えながら話す子もいる。
●自分の話を区切り，相手の反応を確かめながら話すようになる。
●質問を受けてそれに答える形で話そうとする。
●わかりやすいたとえに置き換えて話そうとする。　　　　　など
```

逆に聞きたいと思った子どもはどのようにするだろうか。

```
―― 聞きたい ――
●わからなくなったときに質問をしながら聞こうとする。
●そこまではいいんだけど，と話を区切りながら聞きたいと思う。
●それはこういうこと？　と自分のわかり方に置き換えてたずねる
　　　　　　　　　　　　　　　　　　　　　　　　　　　　など
```

　こうして具体的にあげてみると，このような工夫は形式として教師が押しつけなくても，子どもたちの中に「伝えたい」「聞きたい」という気持ちが高まったときに，自然に起きるものだといえることが改めてわかるだろう。
　そう考えると，やはり子どもたちの「問い」を大切にする授業づくりに取り組むことこそが，表現力育成のための最高の手立てといえることがわかる。

2 大切にしたい授業者の構え
―子どもの中から育てたい姿を探してほめること―

　ここまでに私が述べたかったことを，ここで一度整理してみよう。
　順序は一致していないが，大切なことを箇条書きにしてみると，次のようになる。

> ●まず支持的風土をもつクラスを育てること
> ●一人ひとりが表現する機会を増やすこと
> ●その際,話す子と聞く子のかかわりを積極的なものに変えていくこと

ここまでのことは「寄り添う」という視点で構成するのがいいと述べた。さらに評価の視点として,

> ●授業の中では,考える手法を育てることを「語り始めの言葉」を敏感に拾い上げて価値づけていくことで,実現しているのだと考えること
> ●表現力が定着したかどうかを,授業の節目節目に「書く」場面も設けて評価していくこと

と一応まとめることができる。

だが,これらの根底に流れる意識として何より大切にしているのは,次のことである。

> ●授業では,このような育てたい姿を子どもの自然な姿の中から探してほめることで育てるのだという意識を教師がもつこと

実はこの想いこそが,本書の底流に一貫して流れている切なる想いである。

こうした想いで授業をしていくからこそ,教師にも実は発見がある。

子どもの姿に寄り添いながら活動を進めることの価値は,子どもたちの安心した授業への参加を保障するだけではなく,実は指導者の方にも本当の意味での発見の連続を保障してくれることにつながる。

いや,本当に子どもの側にたって時間を過ごしたことのある人間にだけ,神様がプレゼントしてくれるものだといってもいい。

だから研究発表会でありきたりの事例の報告しかできない人は,実は本当に子どもの側にたって授業をしたことがないのだと私は思っている。真面目

に子どもと向き合ったら，もっと大人が思いつかないような意外なことにたくさん出会えるはずだからだ。

　その意味では，私は子どもたちからたくさんの新しい授業展開法を学んできたと思っている。よく参観の先生から「どのようにして授業のアイディアを思いつくのですか」という質問を受けるけれど，私の場合は授業の中で子どもたちにつきあったおかげで見えてきたことが少なくない。そのぶん混迷の授業もたくさん味わってきたけれど……。

　あるとき，直方体と立方体の授業を「ころがす音を聞く」という視点で構成した。このときもそうだった。図形を見つめなおす方法を子どもから学んだのを今でもよく覚えている。

　最初は，直方体や立方体なんてのは，すでにどこかで展開図も見て知っている子が多いと思ったので（事実，幼稚園でもサイコロを作ったよというような子もいた），転がすという活動で直方体や立方体という形を異なる視点から見つめなおすことができないかと考えたのである。

　実は，55ページで紹介した「数を図形的に見る」という実践も同じ発想で取り組んだものである。

　数を図形として見るという視点にたつと，子どもたちがこれまでとは異なった分類を考えられるようになるし，何より教科書にもない新しい視点だから，子どもたちなりの素直なかかわり方が表に出てくることが期待できると思ったからである。

　この素直なかかわり方の中から，育てたい姿を探し出してほめていくのが教師の構えとして大切になると考えていた。

　場を設定したらそれで終わりではないのだ。このあたりが，流行りの総合的な学習とは大きく異なるところである。

　では，授業の中で私が出会った連続的な子どもたちの動きを紹介してみようか。

❸ 子どもの豊かさに感動した授業
「箱をころがす（直方体と立方体の学習より）」

　授業では，一つの箱が転がったとすると……というところから始まる。まず代表の子どもにだけ，転がす直方体の箱を見せる。そしてどんな音がするだろうねとたずねるところから始まる。
　パタパタパタパタとその子は適当に答えた。続いて立方体の箱を見せた。今度はどう？　とたずねると……。
　「先生，だったらさっきのは言い換えないとだめだよ。さっきのはパタパタンパタパタンでね，今度のがパタパタパタパタだよ」という。
　面白い。二つの異なる箱を見せたら途端に，子どもも転がり方をいいなおしてくれた。

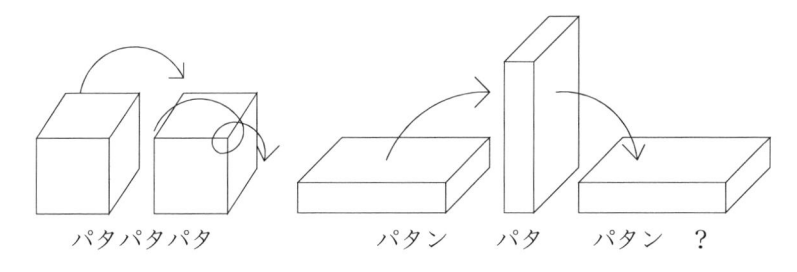

　　　パタパタパタ　　　　　パタン　　パタ　　パタン　？

　愛理がとっさにしてくれたこの言い換え。
　私は実は子どもがこのような場面をすぐにつくってくれることを期待してはいなかった。
　私の方で「箱の違いがわかるように言い換えてみましょう」というつもりだったのである。当日は国立教育研究所の永野重史先生も参観されていたが，後から次のような意見をもらったのを覚えている。
　「あの子は最初から先生のやろうとしていた授業を知っていたような言い換えぶりだった。子どもたちのセンスのよさにもびっくりしている」

一つ目のときは，必要感をもたなかったのに，二つ目を見て別の表現をしないと区別がつかないなと，彼女は自分で思いなおしたのだ。そして彼女なりにちゃんと立体の特徴が伝わる表現をしてくれている。
　この言い換えをとっさにほめた。「なるほど，確かに愛理の言い方だと違いがよく伝わるねえ」と。聞いていた子どもたちは一方が直方体でもう一つが立方体だと反応してくれた。ここまでは私の思惑ともぴったり一致する流れである。しめしめとほくそえむ。
　目的はこのようにして2つの立体の特徴を子どもが話してくれることだったから，私としてはゆったりと構えて授業をしていくことのできる時間となるはずだった。
　ところが文遊という男の子が「いや，2番目のも直方体かもしれない」といいだして面白くなる。
　文遊は，2番目のをみんなは面が全部同じだから立方体といっているけれど，もしかしたら，こんな形をした直方体を側面だけが接するように転がしたということもありえるというのだ。

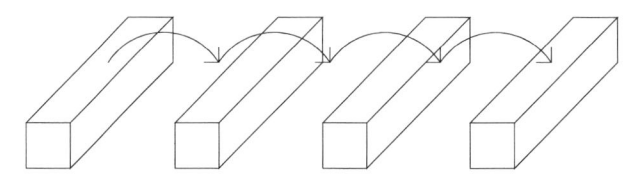

　確かにそのとおりだ。これを聞いて愛理が，もう2回パタパタといえばよかったねといって，ますます面白くなる。残りの2つの面が異なれば直方体ということが伝わると思ったからだ。
　だがすぐに直樹は，「もう2回パタパタといったとしても同じ側面しか転がらなかったら同じだ」といいだした。

ここまでのところ,子どもたちは同じ面が転がったときは音が同じになる,だから音が違うのは,大きさが異なる面であるという共通の考えで,ちゃんと話を進めている。
　だがそろそろ音だけではよくわからなくなってきた。
　ここで私は用意していた面の跡を見せるつもりだったが,なんとここでもまた子どもたちが「ねえ,先生,足跡を見せてよ」といいだしたのである。
　教師の先を行く我が教え子たちの姿にうれしくなった。
　ここは正直に「実はみんながそういいだすかなと思って作っておいたんだよ」と告げた。だがつけ加えて「さすがだねえ」とほめてやる。
　子どもたちはうれしそうな顔である。教師の先を見通して動く力は大いに賞賛してやるといい。指示待ち人間ではなく,活動を自分で連続していくことを楽しむ空間は,それをほめてもらえるという保障がないと,つまり先走ったら叱られるという空間では育たないのである。
　このあたりは子どもは敏感に察していて,この先生は自分の思いどおりにしか,いつも授業を進めない人だと感じたら,絶対に先走って動くことはない。
　だから自分のクラスの子どもたちが指示待ち人間になっていたとしたら,それは自分の授業が子どもの考えにきちんとつきあうことなく,いつも勝手に展開しているのだという証だと思ったほうがいい。
　さて,この授業ではこの後話題になったのは,全部の面がちゃんとわかるように転がすにはどうすればいいかだった。
　これは,先ほどの6回同じ方向に転がるだけでは,どんな立体なのかはすぐにはわからないという直樹の意見のおかげである。このあたりから私の思っていた流れとは異なり始めたが,確

かに子どもたちがこの直方体を自分なりの視点で見つめなおそうとしている活動であることは間違いない。

私は面白いと思った。しかも、もしかしたら私よりもセンスがいいかも、と感じたぐらいである。

ここは自分の考えていた活動を修正して子どもにつきあう。

まず、立方体の場合は次のように転がさないと、6つの面がすべて足跡として残らないことがわかった。

立方体の展開図の中から「一筆書き？」いや「一筆転がし」ができるのを探すという活動にもなる。このような視点で他の場合も探してみると面白い。

下のような直方体の場合も同様に次のように転がして6つの面を残す。

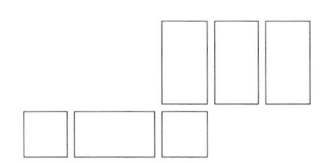

子どもたちがいっていたように、ただ一直線に転がしたのではうまくいかないことは、実際に箱を持ってきてやってみると、よくわかった。

これまで直方体や立方体の展開図の学習では、ただ切り開いたり立体を組み立てるという活動が多かったのだが、立体を転がして6つの面の足跡をつけるにはどのようにすればいいかと

いう新しい課題をつくると，異なった視点で立体を見つめなおす学習が確かに仕組めることがわかった。

ところが，ここでまたまた，たけしが次のようなことをいいだした。

「先生，要するにどんな立体かを知りたいんでしょ。だったら6つも面の足跡を見なくても，3つでいいんじゃないの」

聞いていたみんながこの意見にはすぐに納得する。直方体は向かい合う面が同じ形だから，その半分でいい。

だが，佑介はこの瞬間，「いや，2回でいい」とつぶやいた。

実はこの瞬間，一番喜んだのは私だった。これはすごい発見だと思えたからだ。

最初にこの教材を用意したときは，ただ子どもたちの視点が変わってくれればいいと思っていただけなのに，子どもたちと一緒に活動を進めていくと，こんなに面白い世界があるということに気がついたからである。

確かに佑介がいうように，直方体や立方体のような立体では2つの面の足跡を連続して転がしてつけるだけで，どんな立体なのかわかる。

それは，次のように2つの面がわかっただけで，もう一つの面の縦と横の

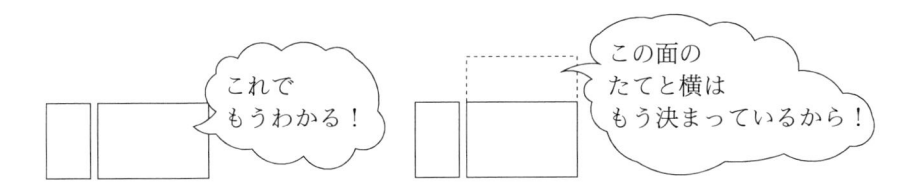

□□　これでもうわかる！　　□□　この面のたてと横はもう決まっているから！

サイズは特定されてしまうからである。

今まで，この単元の学習でこうした視点にたって授業を展開した例はないと思う。ましてや最後は2つの面を転がすだけで立体が特定できるという発見を子どもたちがしてくれたという報告も聞いたことはない。

よく考えれば当たり前だ。この2つの面がくっついているという条件をつ

けるだけで，ここに直方体や立方体を構成する3つの辺，縦，横，高さが全部表現されている。
　そして確かにこのような視点で立体を考察した事例はないから，文字どおり私のクラスの子どもたちがつくり出した新しい立体の見つめ方といっていいだろう。
　そういえば，直方体の展開図探しの事例のところでも，同じように子どもならではの発見に出会えた。
　この事実を私はこの単元の終わりの時間に，子どもたちに伝えてみた。
　そして「君たちはすごい」ということを真剣に語って伝えた。
　つけ加えて「実は君たちの先輩にもすごい人がいて，なんとその人は教科書の直方体の展開図の正しい種類を初めて全部かき上げた人でもあるんだよ」というようなことを告げた。
　算数の学習は，いつも誰かから知識をもらうという形になると思っている子たちには，大きなショックでもあり，感動の時間でもあった。
　子どもたちの顔が誇らしげな顔に変わる。
　そして，次の瞬間，きりっとした顔になってこういった。
　「先生，ぼくたちも自分たちだけの力で直方体の展開図探しをしてみるから，絶対に答えはいわないでね。先輩とぼくたちとどちらが探し方がうまいだろうね」と。
　数学者ガウスが1から100までの和を求める面白い方法を発見したのは，彼がなんと10歳ぐらいのときだったと聞く。
　今の子どもたちはガウスの時代のように，身近な数学の中に新しい発見を行う可能性はかなり低くなってきたといわれているが，今の子どもたちに歴史に残るような大きな発見を期待するのではなく，このようなすでに知り尽くされたと思われているものを，新しい視点で見つめなおすということで，算数の世界を自分で切りひらいていくという体験をさせてみたらどうだろう。それならば，まだまだできることがあるかもしれないのである。

そして，その発見はすでに頭の固くなった大人では，きっと無理なのだと思う。
　子どもたちに寄り添い，大人の固い頭を柔らか頭に変えるための時間が算数だと思うぐらいで進めていくと，もしかしたらちょうどいいのかもしれない。

4 表現力育成に焦点をあてた授業づくりで子どもの生きる力を育てる

　さて，最後に算数の授業で，このような立場の表現力に焦点をあてることには，どのような価値があるのだろうかをもう一度考えてみて，本書を終えることにする。
　一つは子どもたちの授業観が変わるということがあげられる。それは「問題を解決する」ということに対しての意識が変わってくるということである。
　これまでに述べたような授業を繰り返していると，
「いつも手をあげてきちんと発言するということだけが発表ではない」
「表現するということは完成した自分を発表することではない」
「問題は自分で見つけるものである」
「本当の問題解決の場面では，辿り着いた結論も本当にそれでいいのか不安であるということの方が多い」というようなことが，子どもたちにもちゃんと伝わっていくのである。
　さらに一人の人間が仮説から結論まで考えていくよりは，自分の仮説を誰かと論じ合っているうちに，見通しの甘さに気がついたり，仮説自体の不備に気がついたりするという体験の方が役に立つのだということも子どもたちは実感する。

友達との対話の中で自分の思い込みに気がついたり，考えていく軌道を修正したりするという体験を，我々はもっと授業の中で子どもたちに味わわせるべきである。
　すると，「普段何気なく見ているもの，使っているものも自分の意識が変わると，とても特徴的に見えるようになる」という経験もできる。
　そしてこれは実は友達とつきあうのとよく似ている。決めつけてみていないで，いろいろな視点から見つめなおしてみると，思いがけぬよさを発見できるというようなところである。

　自分たちがこれまでに身につけたものを再構成していくことで，実はかなりの新しい問題が解決できるのだという体験をさせることは，算数という学習が習うものではなく，自分たちで創っていくものだという意識に変わっていくところがよい。
　一つの問題の先には新たな問題があり，それを連続的に解決していく行為が楽しいのだという体験は，問題というものがいつも先生から断続的に提示されていくものではないという意識が育つということで意義深い。
　こうして見つめなおすと，算数の授業づくりも実は「子どもたちの生き方」にも大いにかかわっていく大事な役割があることがわかる。
　我々は算数教育を通して，真の意味での「子どもの生きる力」を育てているのである。21世紀を支える子どもたちに必要なのは，仲間と共に新しい世界を自分たちの力で切りひらいていく能力である。
　その力を培うための算数授業にこれからも取り組んでいきたいと考えている。

■著者紹介

田中　博史　（たなか　ひろし）

1958年　山口県防府市に生まれる
1982年　山口大学教育学部（数学研究室）卒業
山口県公立小学校教諭を経て
1991年より筑波大学附属小学校教諭
全国算数授業研究会理事
日本数学教育学会出版部幹事
ＮＨＫ算数番組「マテマティカ」番組企画委員
学校図書教科書「小学校算数」著者

著書　「授業のネタ・算数お話教材」（日本書籍）坪田耕三氏との共著　1993
「量と測定・感覚を育てる授業」（国土社）1993
「算数授業改革双書１・追究型算数ドリルのすすめ」（明治図書）1995
「算数科・子どもの声で授業を創る」（明治図書）柳瀬泰氏との共著　1996
「自ら考える力を育てる算数科ファックス教材集」２年・５年（明治図書）1997
「わくわくいきいき学級づくり１年間２年生」（日本書籍）1997
「学級の総合活動高学年・輝き方を見つけた子どもたち」（東洋館出版社）2000
その他，共著多数。

子どもの思考過程が見えてくる
算数的表現力を育てる授業

平成13年8月8日　初版第１刷
令和3年2月26日　初版第18刷

著　者：田中博史
発行者：錦織圭之介
発行所：東洋館出版社

〒113-0021　東京都文京区本駒込5丁目16番7号
営業部　電話03-3823-9206　FAX03-3823-9208
URL http://www.toyokan.co.jp
印刷所：藤原印刷

ISBN978-4-491-01737-9／Printed in Japan

田中博史先生のロングセラー書籍
子どもたちの算数的表現力を引き出す授業を考える

算数的表現力を育てる授業②
使える算数的表現法が育つ授業

学力低下が危惧される昨今、算数の世界では計算力の向上のみが強調される傾向にある。しかし算数教育における"力"とは計算力だけだろうか。本書では、算数における「考える力」に焦点をあて、子どもたちが算数的表現を具体的にイメージできるようにするための授業づくりを提案した。

本体価格1,900円+税

算数的表現力を育てる授業③
語り始めの言葉「たとえば」で深まる算数授業

「取り出し」と「置き換え」の力が思考力を磨く

「たとえば」・・・子どもがこう語り始めた瞬間に、その後の思考の方向性は示されている。まさしく、「たとえば」は授業づくりの羅針盤である。本書は、「算数的表現力を育てる授業」シリーズの集大成。

本体価格1,900円+税

東洋館出版社　がんばる先生を応援します！

〒113-0021 東京都文京区本駒込5丁目16番7号
TEL03-3823-9206　FAX03-3823-9208
http://www.toyokan.co.jp